Dr. Jerry L. Wyckoff
Barbara C. Unell

Liebevolle Disziplin

Knaur

Dr. Jerry L. Wyckoff
Barbara C. Unell

Liebevolle Disziplin

Praktische Lösungen für die häufigsten Erziehungsfragen von A bis Z

Aus dem Amerikanischen
von Martina Meyer

www.knaur-ratgeber.de

Bibliografische Information: Die Deutsche Bibliothek
Die Deutsche Bibliothek verzeichnet diese Publikation in der Deutschen Nationalbibliografie; detaillierte bibliografische Daten sind im Internet über http: / / dnb.ddb.de abrufbar.

Wichtiger Hinweis
Die im Buch veröffentlichten Ratschläge wurden mit größter Sorgfalt von Verfassern und Verlag erarbeitet und geprüft. Eine Garantie kann jedoch nicht übernommen werden. Ebenso ist eine Haftung der Verfasser bzw. des Verlages und seiner Beauftragten für Personen-, Sach- oder Vermögensschäden ausgeschlossen.

Projektleitung: Caroline Colsman
Redaktion: Anja Schmidt, München
Umschlagkonzeption: ZERO Werbeagentur, München
Umschlagfoto: A. Sternjakob
Herstellung und Satz: Dagmar Guhl
Druck und Bindung: Offizin Andersen Nexö Leipzig GmbH, Zwenkau
Printed in Germany

ISBN-13: 978-3-426-64317-4
ISBN-10: 3-426-64317-0

5 4 3 2 1

Inhalt

Vorwort

Wenn Sie Eltern sind, sollten Sie dies als die allerwichtigste Berufung und Ihre lohnendste Herausforderung ansehen. Was Sie jeden Tag tun, was Sie sagen und wie Sie sich verhalten, trägt mehr dazu bei, die Zukunft Ihres Landes zu gestalten, als alles andere. *Marion Wright Edelman*

Bei allen Kindern – besonders im Vorschulalter – gibt es Probleme mit der Disziplin, egal wie »perfekt« die Kinder oder die Eltern auch sein mögen. Sowohl gut als auch weniger gut angepasste Kinder aus jedem sozioökonomischen Umfeld haben Wünsche und Bedürfnisse, genau wie ihre Eltern. Probleme tauchen dann auf, wenn Bedürfnisse und Wünsche von Kindern und Eltern nicht wie die Teile eines Puzzles zusammenpassen.

Die bisweilen überwältigenden Probleme bei der Erziehung können oft minimiert werden, wenn die Eltern lernen, ihre Reaktionen den Bedürfnissen ihrer Kinder anzupassen. Dieses Buch bietet praktische Hilfsmittel für die gängigen Verhaltensprobleme von Vorschulkindern – Hilfsmittel, die Eltern oder Betreuer in der Hitze der Gefechte anwenden können, die im Laufe des ganz normalen Familienalltags immer wieder auftreten.

Unsere Absicht ist es, Eltern zu zeigen, wie sie auf ruhige, konsequente und effektive Weise auf Erziehungsprobleme reagieren können – ohne zu schreien oder Schläge auszuteilen. Wir möchten Ihnen als Eltern dabei helfen, »disziplinierte Eltern« zu werden, die sich selbst noch kontrollieren können, wenn ihre Kinder die Kontrolle verlieren. Indem Sie die Selbstkontrolle behalten, können Sie es vermeiden, Gewalt in jeglicher Form anzuwenden, tatsächliche oder angedrohte. Geschrei und Schläge sind Formen von Gewalt, die Kinder lehren, dass anderen Angst zu machen und Schmerz zuzufügen eine Möglichkeit ist, deren Verhalten zu kontrollieren.

Der Ansatz, den wir mit diesem Buch verfolgen – Disziplin lehren, anstatt nur zu bestrafen –, vereinigt das Beste aus unserer gemeinsamen 40-jährigen Erfahrung im Beruf und als Eltern. Wir haben Kinder- und Entwicklungspsychologie studiert und an der Universität gelehrt; als Psychologen an einem staatlichen Kinderkrankenhaus gearbeitet; zahlreiche Elterngruppen, Seminare und Workshops geleitet; in verschiedenen Schulbezirken und psychiatrischen Einrichtungen praktiziert; zahlreiche Beiträge über Kindererziehung und Elternschaft für Radio, Internet und Printmedien verfasst – und nicht zuletzt vier Kinder großgezogen.

Unsere Prinzipien der Problemlösung und unsere Erziehungsstrategien basieren auf der Verhaltenspsychologie, die das Verhalten von Kindern in ihrem »realen« Umfeld untersucht – zu Hause, in der Schule, auf dem Spielplatz. Wir widmen uns in diesem Buch unter anderem den folgenden Themen:

- Der Diskussion über das Schlagen: Ist der kleine Klaps auf den Po schädlich?
- Dem Einfluss elektronischer Medien (Internet, TV, Computerspiele) auf das Verhalten
- Der Diagnose »Hyperaktivität« oder »Aufmerksamkeits-Defizit-Syndrom« (ADS)
- Den Ursachen und Spätfolgen von Fettleibigkeit im Kindesalter
- Der besonderen Herausforderung für Alleinerziehende
- Der entscheidenden Rolle der Eltern bei der Entwicklung und Bewahrung des Einfühlungsvermögens von Kindern
- Dem Zusammenhang zwischen Gewalt zu Hause und Gewalt in der Schule
- Der Verbindung zwischen dem Spiel mit imaginären Waffen oder Spielzeugpistolen im Vorschulalter und dem Gebrauch echter Waffen in der Schule und anderswo

Wir haben dieses Buch als Nachschlagewerk für Eltern und andere Betreuer konzipiert – ein Erste-Hilfe-Handbuch für vorbeugende Maßnahmen sowie den Umgang mit schlechtem Benehmen. Wir reagieren hiermit auf das Bedürfnis vieler Eltern nach kompakten Ratschlägen, die direkt und leicht umsetzbar sind. Wir verwenden Fallbeispiele, die deutlich machen, wie fiktive Familien unsere Strategien genutzt haben, um echte Probleme zu lösen.

Anmerkung: Bitte lesen Sie »Meilensteine der Entwicklung«, Seite 23, und »Die Unterschiede zwischen Jungen und Mädchen«, Seite 20, bevor Sie die Abschnitte »Was Sie tun können« und »Was Sie nicht tun sollten« in jedem Kapitel beherzigen. Es wird Ihnen dabei helfen, die allgemeinen Verhaltensmerkmale der Ein- bis Fünfjährigen sowie die Einflüsse von Gehirnstruktur, Körperchemie und Hormonen auf die Verhaltensunterschiede von Jungen und Mädchen besser zu verstehen. Die allgemeine Entwicklung von Vorschulkindern zu kennen kann Sie davor bewahren, bestimmte Verhaltensweisen als anormal zu missdeuten oder sich selbst fälschlicherweise die Schuld für das schlechte Benehmen Ihres Kindes zu geben. Um beispielsweise die Motivation hinter dem inflationären Gebrauch des Wortes »Nein« bei Ihrem zweijährigen Kind zu erkennen, ist es hilfreich zu wissen, dass diese Negativität ein ganz normaler Teil des Verhaltens von Zweijährigen ist. Um zu begreifen, warum Jungen während ihrer Wutanfälle meist aggressiver sind als Mädchen, hilft es, sich über die biologischen Unterschiede zwischen den Geschlechtern zu informieren.

Einleitung

Die ersten Jahre prägen Ihr Kind für sein ganzes Leben. Deshalb sind sie ungeheuer wichtig und wertvoll. Nutzen Sie sie, um Ihrem Kind liebevolle Disziplin beizubringen!

Lernziele: Selbstbeherrschung und Unabhängigkeit

Die Vorschuljahre sind die wichtigste Zeit des physischen, emotionalen und intellektuellen Lernens im Leben. Im besten Fall sind Vorschulkinder neugierig, erfinderisch, lebhaft und eigenständig. Im schlimmsten Fall sind sie starrsinnige, gehemmte Kletten. Sowohl ihre chamäleonartige Persönlichkeit als auch ihre Unfähigkeit, die Logik der Erwachsenen anzuwenden, machen sie zu schwierigen Klienten für Benimmlehrer. Vorschulkinder leben in einer Welt, die sie ständig herausfordert. Und das Unterrichten dieser Kinder – was die Erziehung ja eigentlich sein sollte – fällt manchmal auf fruchtbaren Boden und fühlt sich manchmal so an, als schlüge man mit dem Kopf gegen die Wand.

Das sollte keine große Überraschung sein. Eltern und ihre Vorschulkinder trennt üblicherweise ein Altersunterschied von mindestens 20 Jahren, und in Sachen Erfahrung, logisches Denken und Selbstkontrolle sind sie Lichtjahre voneinander entfernt. Auch haben sie verschiedene Vorstellungen, Gefühle, Regeln, Überzeugungen und Werte, sich selbst, andere und die Welt betreffend. Zum Beispiel kommen Kinder nicht mit dem Wissen auf die Welt, dass man keine Wände bekritzeln darf. Sie werden die erwünschten Möglichkeiten, ihr künstlerisches Talent auszudrücken, nur dann lernen, wenn ihre Eltern ihnen beibringen, worauf sie schreiben und malen dürfen, sie loben, wenn sie folgsam sind, und ihnen die Konsequenzen erklären, die es hat, wenn sie die Regeln brechen.

Gleichzeitig haben Kinder ihre eigenen Bedürfnisse, Wünsche und Gefühle, die sie meist noch nicht so gut artikulieren können. Während ihrer ersten fünf Lebensjahre kämpfen sie darum, unabhängige Menschen zu werden, und rebellieren dagegen, von älteren Leuten »großgezogen« zu werden.

Die ultimativen Ziele, die Eltern für ihre Vorschulkinder haben, sind die unmittelbaren Ziele, die diese selbst verfolgen: Selbstbeherrschung und Unabhängigkeit. Es ist wichtig, dass Eltern verstehen, dass sie nach einem anderen Zeitplan operieren als ihre Kinder und dass die Lernfähigkeit jedes Kindes individuell unterschiedlich ist. Dieses Wissen hilft Eltern, auf Einfühlungsvermögen, Vertrauen und Respekt als Grundlage für eine gesunde Kommunikation innerhalb der Familie zu bauen.

Die Hauptaufgabe, die sich Eltern von Vorschulkindern stellt, ist es, ihnen das angemessene Benehmen beizubringen, und zwar auf einer Ebene, die sie verstehen können. Im Umgang mit den Wutanfällen ihrer Kleinen versuchen Eltern beispielsweise nicht nur, wieder Ruhe und Ordnung herzustellen, sondern auch, ihren Kindern beizubringen, wie man mit Frust und Ärger auf angemessenere Weise fertig wird. Eltern müssen den Kindern das Verhalten, das sie lehren wollen, vorleben. Sie müssen ihre Werte auch auf eine Art und Weise kommunizieren, die diese für ihre Kinder genauso wichtig macht wie für sie selbst.

Kinder emotional festigen

Kinder, die glauben, ihres eigenen Glückes Schmied zu sein, die sich zugehörig und kompetent fühlen, werden mit großer Wahrscheinlichkeit emotional gefestigte Erwachsene, die sich nicht so leicht unterkriegen lassen. Wir möchten Ihnen helfen zu verstehen, dass Kinder in einer Atmosphäre aufblühen, in der die Eltern:

- die eigene Persönlichkeit und das angeborene Temperament der Kinder akzeptieren,
- ihnen helfen, Verantwortungsbewusstsein für ihre Handlungen zu entwickeln,
- ein liebevolles und sicheres Umfeld schaffen, das auf gegenseitigem Vertrauen fußt,
- ihre Fähigkeit fördern, Entscheidungen zu treffen und Probleme zu lösen,
- sie lehren, Fehler eher als Herausforderungen denn als Katastrophen zu sehen.

Kindererziehung ist naturgemäß problematisch

Die Kindheit steckt naturgemäß voller Probleme und Konflikte. Doch bevor Sie bestimmte Verhaltensweisen Ihres Kindes als »Problem« abstempeln, machen Sie sich zunächst Folgendes klar: Das Verhalten eines Kindes ist aus der Sicht der Eltern problematisch – oder auch aus der Sicht anderer Erwachsener, beispielsweise der Kindergärtnerin. Das Kind selbst sieht sein Verhalten nicht als Problem; es hat einfach noch keine angemesseneren oder sozialverträglicheren Möglichkeiten gelernt, seine Ziele zu erreichen.

Um die Probleme mit dem Benehmen ihrer Kinder auf angemessene Art zu lösen, müssen die Eltern selbst disziplinierter werden (wobei wir Disziplin als einen Lehr- und Lernprozess definieren, der zu Ordnung und Selbstkontrolle führt). Das Verhalten der Eltern muss sich zuerst ändern, ehe sich das Verhalten der Kinder ändern kann.

Erziehungsfragen für Alleinerziehende

Ein Kleinkind allein zu erziehen, ist eine schwierige Aufgabe, sogar für die fähigsten Mütter und Väter. Kindererziehung ist nicht nur ein 24-Stunden-7-Tage-die-Woche-Job, der unendliche Geduld verlangt, sie ist eigentlich als Gemeinschaftsaufgabe gedacht. Um selbstständige, unabhängige, liebevolle und mitfühlende Kinder großzuziehen, ist es am besten, wenn die Eltern zusammenarbeiten, um Strategien zu planen, sich Pflichten zu teilen und Regeln festzulegen. Aber das ist nicht immer möglich.

Anstatt sich darauf zu konzentrieren, zu kontrollieren, was der Elternteil, der in einem anderen Haus oder sogar in einer anderen Stadt lebt, tut oder nicht tut, sollte jeder Elternteil am besten selbst einen möglichst effizienten Erziehungsplan entwickeln, der verantwortliches Handeln, eine positive Lebenseinstellung und emotionale Stärke fördert. Wie alle Eltern, so sollten auch und gerade Alleinerziehende ein unterstützendes Netzwerk aufbauen, in dessen Mittelpunkt Vorschule, Ganztagesbetreuung, Babysitter und Familienangehörige stehen.

Das Abc der disziplinierten Erziehung

Über 40 Jahre Verhaltensforschung und Erfahrung, die auf theoretischem Wissen und der praktischen Arbeit mit unzähligen Familien beruht, haben uns gelehrt, dass es aus praktischen wie auch aus philosophischen Gründen wichtig ist, ein Kind von seinem Verhalten zu trennen. Beschimpft man ein Kind, das seine Spielsachen herumliegen lässt, als »Schwein«, wird das Zimmer davon auch nicht aufgeräumter, und man fördert ebenso wenig den Ordnungssinn des Kindes. Solche unschönen Titulierungen tragen lediglich zu einem negativen Selbstbild bei und werden so wahrscheinlich zur »sich selbst erfüllenden Prophezeiung«.

Für das Selbstwertgefühl des Kindes ist es am besten, sich auf ganz spezifische, konstruktive Mittel und Wege zu konzentrieren, um das Verhalten zu ändern. Auf diesem Prinzip basiert unser Abc der disziplinierten Erziehung. Hier ist es:

Entscheiden Sie, welches Verhalten sich ändern soll.
Wenn Sie sich auf konkrete Ziele einstellen anstatt auf abstrakte, werden Sie mehr Erfolg haben. Sagen Sie Ihrem Kind z.B. nicht einfach, dass es ordentlich sein soll; erklären Sie ihm, dass Sie möchten, dass es seine Bauklötze aufräumt, bevor es zum Spielen nach draußen geht.

Loben Sie das Verhalten Ihres Kindes.
Loben Sie nicht Ihr Kind, sondern loben Sie vielmehr das, was es tut. Anstatt beispielsweise zu sagen: »Du bist ein liebes Mädchen, weil du still sitzt«, sagen Sie lieber: »Es ist schön, dass du still sitzt.« Konzentrieren Sie Lob oder Tadel auf das Verhalten Ihres Kindes, denn das wollen Sie schließlich in den Griff bekommen.

Loben Sie immer wieder.
All das zu loben, was Ihr Kind richtig macht, erinnert es an Ihre Erwartungen und prägt ihm klar und deutlich Ihre Vorstellung von gutem Benehmen ein. Lob motiviert Ihr Kind, sich weiterhin dementsprechend zu verhalten.

Versuchen Sie, Machtkämpfe zu vermeiden.
Wenn Sie zum Beispiel möchten, dass sich Ihre Kinder schneller fürs Zubettgehen fertig machen, hilft eine spielerische Strategie wie der Wettlauf mit der Zeit (siehe Seite 28), den Eltern-Kind-Konflikt zu entschärfen und unnötigen Machtkämpfen von vornherein aus dem Weg zu gehen, weil Sie die Autorität auf ein neutrales Medium übertragen: die Uhr.

Seien Sie da.
Das heißt nicht, dass Eltern jede Minute eines jeden Tages bei ihren Kindern sein müssen, aber es bedeutet schon, dass Kinder eine einigermaßen konstante Aufsicht brauchen. Wenn Eltern nicht so genau auf ihre Kinder Acht geben, bleiben viele Verhaltensprobleme unentdeckt und werden nicht korrigiert.

Seien Sie nicht nachtragend.
Lassen Sie vergangene Ungezogenheiten ruhen, und fangen Sie nicht immer wieder davon an. Wenn Ihr Kind einen Fehler macht, wird die ständige Erinnerung daran nur zu Groll führen und die Wahrscheinlichkeit erhöhen, dass sich das schlechte Benehmen wiederholt. Auf eine bessere Zukunft hinzuarbeiten macht mehr Sinn! Ihre Kinder an deren Fehler zu erinnern erinnert sie nur daran, was sie nicht tun sollen statt ihnen zu zeigen, wie es richtig ist.

Schlagen und Schreien sind kontraproduktiv

Die Grundsätze, die in diesem Buch umrissen werden, zeigen, was wir als Eltern tun sollten, wenn wir mit dem schlechten Betragen unserer Kinder konfrontiert werden. Tatsächlich schreien wir unsere Kinder jedoch häufig an oder schlagen sie, besonders, wenn wir durch ihren Ungehorsam erschöpft, wütend oder frustriert sind. Schreien und Schlagen sind ganz natürliche Reaktionen auf Ungezogenheit – besonders auf wiederholte Ungezogenheit –, aber sie sind auch völlig kontraproduktiv. Sie lehren niemals gutes Betragen, was ja das Hauptziel der Erziehung ist. Tatsächlich lehren sie genau das Gegenteil:

- Zu schreien
- Zu schlagen
- Hinterhältig zu sein
- Angst zu haben
- Sich zu schämen
- Seine Wut an anderen auszulassen

Alle Formen von Anschreien und Schlägen – leicht, gemäßigt, gelegentlich, selten, ständig – geben Kindern die falsche Art von Aufmerksamkeit. Wenn es die einzige ist, die sie bekommen, sind sie vielleicht ungezogen, um überhaupt bemerkt zu werden.

Prügel als Strafe verdrängen das schlechte Betragen lediglich in die Heimlichkeit: Es findet zwar nicht mehr vor den Augen der Eltern statt, aber es hört auch nicht wirklich auf. Tatsächlich werden die Kinder Experten darin, sich bei ihren unerwünschten Taten nicht erwischen zu lassen. Vielleicht sagen die Eltern sogar: »Lass dich nicht noch einmal dabei erwische!«

In der Hierarchie der moralischen Entwicklung, definiert von Lawrence Kohlberg, ist die unterste Stufe: »Regeln nur befolgen, um Strafe zu vermeiden«. Die höchste Stufe lautet: »Regeln befolgen, weil sie gut und richtig sind«. (1) Wenn Eltern ihre Kinder schlagen, weil sie sich schlecht benommen haben, stoppen sie sie auf der niedrigsten Stufe ihrer moralischen Entwicklung. Die Kinder sind dann daran interessiert, die Bestrafung zu vermeiden, nicht daran, zu tun, was gut oder richtig ist.

Schläge sind oft die allererste Gewalterfahrung eines Kindes. Kinder lernen am Beispiel der Erwachsenen, sich gewalttätig zu verhalten – ein zwingender Grund, das Schlagen zu vermeiden, besonders bei dem zunehmenden Maß an Gewalt, dem die Kinder durch die Medien ausgesetzt sind. Es ist schwierig, die Ermahnung »Nicht hauen!« zu rechtfertigen, während Sie Ihr Kind schlagen.

Kinder sehen die Welt unter ganz konkreten Bedingungen. Wenn sie sehen, dass es Erwachsenen erlaubt ist, Kinder zu schlagen, nehmen sie an, dass es auch Kindern erlaubt sein muss, Erwachsene oder andere Kinder zu schlagen. Schläge erzeugen Schläge – sowie Wut, Rachsucht und den Zusammenbruch der Kommunikation zwischen Eltern und Kindern.

Die primäre Botschaft, die ausgesendet wird, wenn Eltern schreien oder schlagen, ist, dass Erwachsene größer, stärker und mächtiger sind als Kinder und ihnen Angst machen und Schmerz zufügen können, wenn sie unzufrieden sind. Das daraus resultierende Gefühl, ein Opfer und angesichts überragender Körperkraft und -größe machtlos zu sein, führt bei den Kindern zu Furcht und Sorge und letztlich zu dem Verlangen, selbst Gewalt anzuwenden, wenn sie sich aufregen.

Schläge haben keinerlei positive Wirkungen. Tatsächlich unterstreicht der Zusammenhang zwischen dem Schikanieren der Kinder und deren späteren Problemen, ihre Aggressionen zu kontrollieren, wie im Werk von Jay Barrish (2) erörtert, einmal mehr die Argumente für eine Nulltoleranz-Politik gegenüber dem Schlagen zu Hause, im Hort, in der Vorschule und anderswo. Diese Nulltoleranz sollte jedoch nicht zur strafrechtlichen Verfolgung des Schlagens führen. Stattdessen sollte sie Ausdruck Ihrer eigenen Überzeugung sein, dass Disziplin eine Unterrichtsmethode sein sollte, die zum gewünschten Verhalten führt.

Gewalt wird erlernt

Viele wissenschaftliche Studien sind gemacht worden, um die Ursachen für das gewalttätige Verhalten von Kindern und Erwachsenen zu untersuchen. Obwohl die Resultate immer noch ziemlich kontrovers sind, liefert Dr. Lonnie Athens' Arbeit, die in Richard Rhodes' Buch *Why They Kill* (3) zitiert wird, zwingende Beweise, was die Entwicklung gewalttätiger Erwachsener angeht.

Dr. Athens interviewte ausführlich Menschen, die wegen Gewaltverbrechen inhaftiert worden waren. Die Interviews zeigten, dass bei Kindern, die häufig misshandelt werden, denen mit Gewalt gedroht wird oder die dabei zusehen müssen, wie andere misshandelt werden, ein großes Risiko besteht, dass sie lernen, Gewalt sei ein Mittel, Probleme zu lösen, zu bekommen, was man will oder sich selbst vor einer vermeintlichen Bedrohung zu schützen. Wenn diese Ziele mit Gewalt erreicht werden, erwerben Kinder den Ruf, Menschen zu sein, »denen man besser nicht in die Quere kommt«. Sie ernten Ruhm für ihre Niederträchtigkeit, und die Gewalt wird immer mehr zu einer Lebensweise.

Wir glauben, dass es für jeden Betreuer eines Kindes von größter Wichtigkeit ist, sich dieser gefährlichen Konsequenzen von Gewalt in jeglicher Form bewusst zu sein, sei sie einem Kind oder einer anderen Person angedroht oder tatsächlich angewandt. Wenn

Betreuer dieses Risiko verstehen, so glauben wir, werden sie sich weigern, Schläge als Erziehungsmaßnahme zu akzeptieren.

Die Bedeutung der Empathie für die Erziehung

Empathie ist die Fähigkeit, sich mit einer anderen Person zu identifizieren und deren Situation, Gefühle und Motive zu verstehen. Alle Menschen werden mit der Möglichkeit geboren, einfühlsam zu sein. Untersuchungen zeigen, dass diese Fähigkeit von Kind zu Kind variiert, wenn sie größer werden, und dass Mädchen begabter dafür sind, Emotionen zu entschlüsseln, als Jungen. Nichtsdestoweniger sind sowohl Jungen als auch Mädchen im Alter von zwei Jahren dazu fähig, die Gefühle anderer Menschen zu verstehen. Im Alter von vier Jahren können Kinder auch schon die Gründe für die Gefühle anderer begreifen. Soll dieses Einfühlungsvermögen jedoch weiter wachsen und gedeihen, müssen die Eltern dessen Entwicklung fördern.

Der wichtigste Faktor beim Wecken des Einfühlungsvermögens ist es, die Individualität eines Kindes zu respektieren, indem man Mitgefühl, Verständnis und Achtung vorlebt – egal wie schwierig es sein mag, mit seinem Verhalten zurechtzukommen. Wenn Sie beispielsweise Ihre Reaktion auf ungebührliches Verhalten mit der Aussage »Ich bedaure, dass du das getan hast …« beginnen, zeigen Sie Ihrem Kind, dass Sie auf seine Gefühle achten und Mitgefühl empfinden, weil es auf dem »heißen Stuhl« sitzt. Zusätzlich können Eltern das Mitfühl-Potenzial ihrer Kinder wecken, indem sie sie auf die Folgen hinweisen, die ihr Verhalten für andere hat.

Im Gegensatz dazu untergraben Anschreien und Schlagen als Erziehungsmaßnahme die Fähigkeit zum Mitgefühl. Wenn wir mit Wut auf das Verhalten von Kindern reagieren, bringen wir ihnen bei, ohne Rücksicht auf die Gefühle anderer zu handeln – eine Konsequenz, die wir unbedingt vermeiden sollten. Untersuchungen von JoAnn Robinson von der Universität von Colorado (4) untermauern diese Wahrheit. Sie berichtet, dass größere mütterliche Wärme mit einer Steigerung des Einfühlungsvermögens der Kinder während des zweiten Lebensjahres einhergeht. Dagegen lässt bei Kindern, die von ihren Müttern durch Wut kontrolliert werden, die Empathie deutlich nach. Ohne Einfühlungsvermögen ist es Kindern fast unmöglich, zu lernen, wie man Dinge teilt, harmonisch mit anderen spielt, wütende und gewalttätige Reaktionen auf unangenehme oder schwierige Situationen vermeidet und Verantwortung für sein Handeln übernimmt.

Wenn Sie die positiven Lernstrategien anwenden, die in diesem Buch beschrieben werden, wird Ihnen das nicht nur helfen, Ihren eigenen Empathie-Quotienten hoch zu halten. Es wird Sie auch dabei unterstützen, das Potenzial Ihrer Kinder zu fördern, einfühlsame, liebevolle und fürsorgliche Erwachsene zu werden.

Die Funktion des Selbstgesprächs

Wir ermutigen Eltern, etwas zu praktizieren, das wir »Selbstgespräch« nennen. Dabei geht es darum, zu vermeiden, sich selbst negative, vernunftwidrige Dinge zu sagen. Das Selbstgespräch definiert man am besten als die Botschaften, die sich Menschen selbst eingeben und die ihr Verhalten steuern. Wenn beispielsweise eine Mutter sagt: »Ich halte es nicht aus, wenn mein Kind quengelt!«, dann setzt sie damit ihre Toleranzgrenze für das Quengeln erheblich herab. Wenn sie jedoch sagt: »Ich mag es nicht, wenn mein Kind quengelt, aber ich werde es schon überleben«, dann wird sie das Quengeln nicht nur länger ertragen können, sondern sie wird wahrscheinlich auch effektive Wege finden, um das Verhalten ihres Kindes zu ändern.

Das Selbstgespräch sollte dazu benutzt werden, uns auf Erfolg zu programmieren anstatt aufs Scheitern. Was wir uns selbst sagen, bildet die wichtigsten Botschaften an unser Unbewusstes, deshalb ist das bewusste Selbstgespräch ein großartiges Hilfsmittel für die Eltern von Vorschulkindern. Indem sie sich selbst in stressigen Zeiten durch hilfreiche Selbstgespräche beruhigen, können sie sehr wahrscheinlich auch vernünftiger und verantwortungsvoller handeln.

Manchmal sabotieren Eltern sich durch Selbstgespräche, die sie dazu ermutigen, der Masse zu folgen. Wenn beispielsweise befreundete Eltern Ihr Kind auf dem Bett Trampolin springen lassen, dann fühlen Sie sich vielleicht unter Druck gesetzt, dasselbe zu tun, weil Sie sich sagen, dass Sie ansonsten nicht mehr zum »Club der guten Eltern« gehören. Dieses Selbstgespräch, das dem Gruppenzwang folgt, kann harmlos sein: Sie kaufen eine bestimmte Müslisorte, weil die auch die anderen Eltern kaufen. Es kann aber auch gefährlich werden, wenn es dazu führt, dass Sie Ihr Kind anschreien oder schlagen, weil das andere Eltern ebenso tun. Anstatt der Masse nachzulaufen, möchten wir Sie ermutigen, Ihrem Herzen und Ihrem gesunden Menschenverstand zu folgen sowie Ihrem Wissen über die wirksamsten Wege, verantwortungsvolle, unabhängige und einfühlsame Kinder großzuziehen.

Die Unterschiede zwischen Jungen und Mädchen

Um das Verhalten Ihres Vorschulkindes besser zu begreifen, ist es hilfreich, die Unterschiede zwischen Jungen und Mädchen zu verstehen. Dies kann Ihnen helfen zu ermessen, welches Verhalten normal ist, und welches ein Erziehungsproblem darstellt. Die ganz natürlichen Unterschiede zwischen Jungen und Mädchen zu kennen hilft Ihnen auch, Vergleiche zwischen Kindern unterschiedlichen Geschlechts zu vermeiden (siehe dazu auch »Meilensteine der Entwicklung«, Seite 23 ff.).

Wissenschaftliche Untersuchungen haben gezeigt, dass Jungen und Mädchen in ihrer Gehirnstruktur, Körperchemie sowie hormonell verschieden sind und dass dies die Verhaltensunterschiede zwischen Jungen und Mädchen stark beeinflusst. Beispielsweise entwickelt sich das Gehirn von Jungen langsamer als das der Mädchen. Bei den Jungen entwickelt sich die linke Gehirnhälfte, die das Denken kontrolliert, langsamer als die rechte Hälfte, die für die räumliche Wahrnehmung zuständig ist. Deshalb fallen ihnen im Allgemeinen Mathematik und logisches Denken leichter als sprachlicher Ausdruck und Lesen.

Das Gehirn der Mädchen entwickelt sich gleichmäßiger, was es ihnen ermöglicht, beide Gehirnhälften für Aktivitäten wie Lesen und emotionales Bewusstsein zu gebrauchen. Das weibliche Gehirn arbeitet beinahe ununterbrochen, was den Mädchen das Multitasking leichter macht. Das Gehirn der Mädchen produziert auch mehr Serotonin, einen Neurotransmitter, der Aggressionen hemmt.

Auf der anderen Seite produziert das Gehirn von Jungen mehr Testosteron, ein Hormon, das Aggressionen fördert. Deshalb neigen Jungen dazu, nach augenblicklicher Befriedigung zu streben (schnelles Essen, nicht lange bei einer Aktivität bleiben), Probleme möglichst schnell zu lösen (selbst in hoch emotionalen Situationen) und sich mit Dingen zu beschäftigen, die Spannung erzeugen (Sport, Spiel, Wettbewerb). Diese Neigungen erlauben es Jungen, ihre angestaute Energie abzubauen.

Andere gewöhnliche Unterschiede, die naturgemäß grobe Verallgemeinerungen sein müssen, basierend auf der großen Menge von Untersuchungen über die Entwicklung von Jungen und Mädchen, sind die Folgenden. (Einzelne Kinder können daher von diesen Tendenzen abweichen.)

- Jungen konzentrieren sich lieber auf eine einzige Sache und reagieren aggressiver auf Störungen.
- Die körperlichen Aktivitäten von Mädchen erreichen nicht so schnell ihren Höhepunkt, sind weniger kraftvoll, aber dafür ausdauernder.
- Jungen mögen Spiele, die viel Platz beanspruchen, und sie wollen öfter draußen sein.
- Die Aufmerksamkeit, die Mädchen Dingen zuwenden, ist weniger flüchtig, und sie sind nicht so aktiv.
- Mädchen verlassen sich mehr auf ihre fünf Sinne.

- Jungen kommen besser mit visuellen Informationen zurecht, die dem linken Auge präsentiert werden, welches die rechte Gehirnhälfte aktiviert.
- Im Alter von fünf Jahren sind Mädchen in ihrer allgemeinen Entwicklung den Jungen um sechs Monate voraus.
- Jungen, die sich selbst als körperlich stark empfinden, mögen wilde Spiele und toben gern.
- Jungen, die sich sicher und kompetent fühlen, streben früher als die Mädchen nach Unabhängigkeit.

Der Übergang zur Grundschule für Sie und Ihr Kind

Ein- bis Fünfjährige nennt man Vorschulkinder, weil dies das Stadium ist, in dem sie durch den Vor-Bildungsprozess selbstdiszipliniert oder »zivilisiert« werden, der sie darauf vorbereitet, in der reglementierten Welt der Grundschule zu funktionieren. Wer aber übernimmt dieses Zivilisieren? Eltern, Kindergärtnerinnen, Vorschullehrer, Freunde, Verwandte, Nachbarn und andere Erwachsene spielen eine wichtige Rolle dabei, den Vorschulkindern Tugenden wie Mitgefühl, Geduld, Selbstkontrolle, Verantwortungsgefühl, Respekt, Zusammenarbeit, Tapferkeit, Höflichkeit, Durchhaltevermögen und Ehrlichkeit beizubringen. (5)

Ein unerschütterlicher moralischer Kompass von Tugenden weist Kindern auf ihrer Reise vom »kleinen« Vorschulkind zum »großen« Grundschulkind den Weg. Es ist von größter Wichtigkeit für die Eltern, die ersten Lehrer ihrer Kinder sorgfältig nach deren Fähigkeit auszusuchen, ebendiese Tugenden zu lehren. Kinder müssen lernen, kooperativ zu spielen und immer unabhängiger zu werden, wenn sie für längere Zeit von ihren Müttern und Vätern getrennt sind. Die Vorschuljahre bilden das Fundament für die Lernbereitschaft der Kinder im späteren Leben. In unserem Buch *The Eight Seasons of Parenthood* beschreiben wir, wie das Verhalten von Vorschulkindern ihre Eltern dazu zwingt, die Rolle von »Familien-Managern« anzunehmen, die ihren Kindern angemessenes Benehmen beibringen. Während die Kinder sich von hilflosen, horizontalen Geschöpfen zu aufrechten, mobilen Selbstständigen entwickeln, werden aus den Eltern Organisationsgenies, die Beruf, Kochen, Putzen, Autofahren und Spielen unter einen Hut bringen – wobei sie die ersten und wichtigsten Lehrer ihrer Kinder sind. Mutter oder Vater zu werden ist so viel mehr, als einem Kind das Leben zu schenken. Es ist ein Entwicklungsprozess, der sich ein ganzes Elternleben lang fortsetzt.

Meilensteine der Entwicklung

Die folgende Tabelle beschreibt einige der Meilensteine, von denen Eltern in der Regel erwarten können, dass ihre Ein- bis Fünfjährigen sie während der Vorschuljahre erreichen.

Da sich jeder Mensch nach einem individuellen Zeitplan entwickelt, kann ein bestimmtes Kind dem statistischen Durchschnitt voraus sein, ihm entsprechen oder hinter ihm zurückbleiben. Suchen Sie Ihren Kinderarzt auf, wenn Ihr Kind die Meilensteine stets verzögert erreicht oder Sie sich wegen anderer Aspekte der Entwicklung Ihres Kindes Sorgen machen.

Alter	Meilensteine
1–2 Jahre	■ Erforscht seine Umgebung ■ Macht ein langes Nickerchen pro Tag ■ Spielt für kurze Zeit allein ■ Untersucht seinen Körper
2–3 Jahre	■ Rennt, klettert, schubst und zerrt; ist sehr aktiv ■ Scheint X-Beine zu haben ■ Benutzt zum Essen und Trinken Finger, Löffel und Tasse

- Kann einige Kleidungsstücke selbst ausziehen
- Untersucht seine Genitalien
- Schläft weniger, wacht leicht auf
- Mag feste Abläufe
- Regt sich auf, wenn seine Mutter über Nacht wegbleibt
- Will alles selbst machen
- Ist bockig und unentschlossen; ändert oft seine Meinung
- Ist aufbrausend, hat Stimmungsschwankungen
- Imitiert Erwachsene
- Spielt bei, aber nicht mit gleichaltrigen Kindern
- Kann noch nicht teilen, abwarten, sich abwechseln, nachgeben
- Spielt gern mit Wasser
- Verlängert das Gute-Nacht-Ritual
- Benutzt einzelne Worte, kurze Sätze
- Ist oft negativ, sagt »Nein«
- Versteht mehr, als es sagen kann

3–4 Jahre

- Rennt, springt und klettert
- Kann allein essen; trinkt ordentlich aus der Tasse
- Trägt Dinge, ohne etwas fallen zu lassen
- Hilft beim An- und Ausziehen mit
- Hält keinen Mittagsschlaf, sondern spielt stattdessen ruhig
- Geht auf die Erwachsenen ein; sucht die Anerkennung anderer
- Reagiert sensibel auf Zeichen von Missbilligung
- Hilft mit; erledigt gern einfache Besorgungen
- Ist im »Ich auch!«-Stadium; will überall dabei sein
- Ist neugierig auf Dinge und Menschen
- Ist phantasievoll, hat Angst im Dunkeln und/oder vor Tieren

- Hat möglicherweise einen imaginären Spielkameraden
- Steht nachts manchmal auf
- Spricht gern; bildet kurze Sätze
- Kann abwarten, bis es an der Reihe ist; hat etwas Geduld
- Kann ein wenig Verantwortung übernehmen, räumt z.B. seine Spielsachen auf
- Spielt brav allein, aber in der Gruppe kann es wild zugehen
- Hängt besonders am Elternteil des anderen Geschlechts
- Ist eifersüchtig, besonders auf ein neues Geschwisterchen
- Zeigt Schuldgefühle
- Drückt emotionale Unsicherheit durch Quengeln und Weinen aus; braucht die Bestätigung, geliebt zu werden
- Baut Spannung durch Daumenlutschen und Nägelbeißen ab

4–5 Jahre

- Wächst weiter und nimmt an Gewicht zu
- Die Koordinationsfähigkeit verbessert sich
- Isst und schläft gut, geht zuverlässig aufs Töpfchen
- Ist sehr aktiv
- Fängt Dinge an, aber bringt sie nicht immer zu Ende
- Ist herrisch und prahlt gern
- Spielt mit anderen, aber setzt seinen Willen durch
- Hat kurzlebige Streitereien
- Spricht deutlich, gern und viel
- Erzählt Geschichten; übertreibt gern
- Albert mit seinem Toilettenvokabular herum
- Erfindet Worte ohne Bedeutung mit vielen Silben

- Lacht und kichert viel
- Trödelt herum
- Wäscht sich, wenn man es ihm sagt
- Ist im »Wie?«- und »Warum?«-Stadium
- Zeigt seine Abhängigkeit von Gleichaltrigen

Kleines Disziplin-Wörterbuch

Die folgenden Begriffe werden ihrer Verwendung in diesem Buch entsprechend definiert:

Auszeit

Eine typische Auszeit sieht so aus: Sie bringen Ihr Kind zu einem Stuhl oder in einen anderen Raum, stellen einen Timer auf eine bestimmte Zeit ein (ungefähr eine Minute für jedes Lebensjahr, bis zu fünf Minuten) und sagen dem Kind, dass es dort bleiben muss, bis der Timer klingelt. Wenn es die Auszeit abbricht, bevor es klingelt, stellen Sie den Timer neu und erklären ihm noch einmal, dass es abwarten muss, bis es klingelt. Wiederholen Sie dies, bis es die vorgeschriebene Auszeit durchhält. Einer der Vorteile der Auszeit ist, dass sie Sie von Ihrem Kind trennt, wenn die Emotionen hoch kochen, was Ihnen und Ihrem Kind die Möglichkeit gibt, die Selbstkontrolle wiederzuerlangen.

Großmutters Spielregel

Eine vertragliche Vereinbarung, die nach dem Muster funktioniert: »Wenn du X (etwas, wovon die Eltern wollen, dass das Kind es tut) gemacht hast, dann darfst du Y tun (etwas, das das Kind tun möchte).« Formulieren Sie immer positiv! Also nicht: »Wenn du X nicht tust, dann darfst du auch Y nicht machen.« Großmutters Spielregel, die von dem Sprichwort »Erst die Arbeit, dann das Vergnügen«, abgeleitet ist, hat großen Einfluss auf das Verhalten Ihres

Kindes, weil hier positive Verstärker (Belohnungen, angenehme Konsequenzen) für das erwünschte Benehmen eingesetzt werden.

Lob

Lob ist die verbale Anerkennung eines Verhaltens, das Sie verstärken möchten. Ein Lob sollte immer das Verhalten beschreiben und nicht das Kind. Sagen Sie z.B.: »Schön, dass du so ordentlich gegessen hast« und nicht: »Du bist ein liebes Mädchen, weil du so schön aufgegessen hast.« Mit Letzterem verknüpfen Sie den Wert des Kindes mit seinem Verhalten. Sie sollten einem Kind nicht beibringen, dass es ein guter Mensch ist, solange es sich gut benimmt – aber zum bösen Mädchen oder Jungen wird, sobald es einen Fehler macht. Wir glauben, dass Kinder von Natur aus gut sind. Es ist ihr Verhalten, das die Eltern beurteilen und zu bessern versuchen.

Neutrale Zeit

Dies ist die Zeit, die frei von Konflikten ist, z.B. die Zeit nach einem beendeten Wutausbruch, in der Ihr Kind ruhig spielt. Die neutrale Zeit ist die beste Zeit, um dem Kind eine neue Verhaltensweise beizubringen, weil es dann ruhig und aufnahmefähig ist.

Regel

Eine Regel ist eine im Voraus bestimmte Verhaltenserwartung, die ein genau festgelegtes Resultat und bestimmte Konsequenzen beinhaltet. Eine Ihrer Regeln könnte sein: »Wir legen unsere schmutzigen Sachen gleich in den Wäschekorb, wenn wir sie ausziehen, damit das Haus ordentlich aussieht und wir nicht ständig etwas aufsammeln müssen. Wenn du dich an die Regel erinnerst, dann brauchst du später nicht herumzugehen und deine Kleider aufzulesen.« Regeln aufzustellen und durchzusetzen ist eine wirksame Methode der Problemlösung. Unsere jahrelange Arbeit mit Kindern und Familien hat gezeigt, dass Kinder sich besser benehmen, wenn ihre Welt klare Grenzen hat und sie die Konsequenzen ihres Verhaltens vorhersehen können.

Tadel

Ein Tadel ist eine kurze Aussage, die Folgendes beinhaltet: 1. die Anweisung, ein bestimmtes Verhalten zu unterlassen, 2. eine Begründung dafür und 3. eine Alternative zu diesem Verhalten. Sie könnten beispielsweise zu Ihrem Kind sagen: »Hör auf zu schlagen. Schläge tun Menschen weh. Bitte jetzt deinen Freund ganz lieb darum, dir das Spielzeug zu geben.«

Wettlauf mit der Zeit

Eine Motivations-Technik, die den natürlichen Spaß Ihres Kindes an Wettkämpfen dazu nutzt, es zu ermutigen, Aufgaben nach Ihrem Zeitplan zu erledigen. Und so funktioniert es: Stellen Sie einen Timer auf die Zeit ein, die Sie Ihrem Kind geben wollen, um eine Aufgabe zu erfüllen. Fragen Sie: »Kannst du das schaffen, bevor der Wecker klingelt?« Da Kinder es lieben, zu gewinnen, bekommen sie so die Chance, ein Rennen gegen die Uhr zu gewinnen. Darüber hinaus erledigt Ihr Kind seine Aufgabe rechtzeitig und ohne Machtkämpfe. Und schließlich wird der Eltern-Kind-Konflikt gemildert, weil die Autorität auf einen neutralen Gegenstand – die Uhr – übertragen wird.

Wie Sie dieses Buch am besten benutzen

Um dieses Buch möglichst effektiv zu benutzen, betrachten Sie jeden Vorschlag unter der Überschrift »Wie Sie das Problem lösen« als Heilmittel für ein bestimmtes Verhaltensproblem. Beurteilen Sie selbst, wie ernst das Problem ist, und beginnen Sie dann mit der am wenigsten strengen Erste-Hilfe-Maßnahme. Das Leitprinzip für das Ändern kindlichen Verhaltens lautet: »Versuchen Sie zuerst die sanfteste Strategie.« Das bedeutet gewöhnlich, Ihrem Kind zu zeigen, was es tun soll, und es dazu zu ermutigen. Wenn das nicht funktioniert, versuchen Sie die nächste Taktik usw., bis Sie etwas finden, das funktioniert. Genauso wichtig ist es, zu wissen, was man in einer Verhaltenskrise nicht tun darf, also achten Sie bitte jeweils besonders auf die Vorschläge unter »Was Sie nicht tun sollten«. Diese werden Ihnen helfen, zu verhindern, dass bestimmte Probleme sich wiederholen oder sogar noch schlimmer werden.

Weil Eltern und Kinder Individuen sind, werden bestimmte Worte und Handlungen, die in diesem Buch für bestimmte Situationen gebraucht werden, Ihnen vertrauter sein und natürlicher wirken als andere. Ändern Sie einfach ein paar Worte, wenn Ihnen der exakte Wortlaut nur schwer über die Lippen kommt. Ein- bis Fünfjährige sind sensibel und sich der Gefühle und subtilen Reaktionen ihrer Eltern sehr bewusst. Machen Sie Ihren Kindern alles, was Sie sagen und tun, glaubhaft, und sie werden Ihre Erziehungsmaßnahmen bereitwilliger akzeptieren.

Die Hilfsmittel in diesem Buch sind dazu bestimmt, Ihrem Kind denselben Respekt zu zollen, den Sie auch anderen Menschen entgegenbringen. Ihre Kinder lernen, respektvoll zu sein, indem Sie ihnen mit Respekt begegnen. Behandeln Sie Ihr Kind, als sei es ein Gast in Ihrem Haus. Das heißt nicht, dass sich Ihr Kind nicht an die Regeln zu halten braucht; es bedeutet, dass es auf freundliche und respektvolle Art gelehrt werden sollte, die Regeln zu befolgen.

Liebevolle Disziplin – von Aggressivität bis Zerstörungswut

Es gibt unzählige Situationen, in denen Sie und Ihr Kind nicht einer Meinung sind oder Ihrer beider Interessen unvereinbar scheinen. Doch mit der richtigen Strategie und wirksamen Hilfsmitteln von »Großmutters Spielregel« bis hin zum »Wettlauf mit der Zeit« können Sie beide viel gewinnen. Zum Beispiel Vertrauen, Humor, Harmonie, Lernen und jede Menge Spaß miteinander.

Aggressivität

Wie der sprichwörtliche Elefant im Porzellanladen werfen viele energiegeladene Vorschulkinder Spielsachen oder sich selbst auf das nächste Opfer, wenn sie frustriert, wütend oder einfach nicht zu bändigen sind. Warum? Weil die kleinen Dynamos noch nicht argumentieren oder Kompromisse schließen können und das Werfen von Büchern oder Spielzeug nicht grundlegend verschieden vom Bällewerfen zu sein scheint.

Zähmen Sie das aggressive Verhalten Ihres Kindes, indem Sie ihm erklären, welches Verhalten Sie sich von ihm wünschen – auch, wenn es erst ein Jahr alt sein sollte: knuddeln, umarmen, reden usw. Erklären Sie auch, warum diese Verhaltensweisen angenehmer sind.

Anmerkung: Wenn das aggressive Verhalten Ihres Kindes regelmäßig beim alltäglichen Spielen auftaucht und Freunde, Familie und Sie selbst stört, suchen Sie professionelle Hilfe, um den Grund für dieses Verhalten herauszufinden.

Wie Sie dem Problem vorbeugen

Beaufsichtigen Sie Ihr Kind beim Spielen.
Um zu verhindern, dass Ihr Kind aggressives Verhalten von seinen Altersgenossen lernt, beobachten Sie, wie Ihr Kind und seine Freunde miteinander und mit ihren Spielsachen umgehen. Lassen Sie nicht zu, dass Aggressivität Schaden anrichtet oder zu Verletzungen führt. Und reagieren Sie auf das schlechte Betragen der Spielkameraden genauso wie auf das Ihres eigenen Kindes.

Demonstrieren Sie aggressionsfreies Verhalten.
Behandeln Sie Ihre Sachen so, wie Sie es sich auch von Ihren Kindern wünschen. Wenn Sie z.B. zuschlagen oder mit Sachen werfen, wenn Sie verärgert sind, lehrt das Ihr Kind, sich aggressiv zu verhalten, wenn es selbst wütend ist.

Erklären Sie, warum Beißen und Schlagen tabu sind.
Um Ihrem Kind verstehen zu helfen, wie unangenehm aggressives Verhalten für alle Beteiligten ist, erklären Sie ihm, wie man sich als Opfer von Bissen und Schlägen fühlt, und fordern sie auf, sich selbst in die Lage des Opfers zu versetzen.

Wie Sie das Problem lösen

Zeigen Sie Ihrem Kind Alternativen auf.
Wenn Ihr Kind aggressiv wird, sagen Sie ihm, was es außer zuzuschlagen noch tun kann, wenn es sich ärgert. Raten Sie ihm z.B., andere um Hilfe zu bitten oder zu sagen: »Ich spiele nicht mehr mit« oder die Gruppe einfach zu verlassen. Üben Sie solche Sätze miteinander ein, bis sie dem Kind vertraut sind, so dass es sie bei Bedarf verwenden kann.

Loben Sie kooperatives Verhalten.
Erklären Sie, was kooperatives Verhalten bedeutet, indem Sie Ihrem Kind sagen, wie sehr Sie es schätzen, wenn es mit anderen teilt, abwartet, um Hilfe bittet usw. Sagen Sie z.B.: »Schön, dass du deinen Freunden etwas abgegeben hast, Liebes.« Formulieren Sie Ihr Lob immer genau. Je mehr Sie das Verhalten Ihres Kindes loben, desto öfter wird es sich wiederholen.

Tadeln Sie Ihr Kind.
Wenn Sie Ihr Kind tadeln, hilft ihm das, zu verstehen, warum Sie sein Benehmen missbilligen. Es zeigt auch, dass Sie die Fähigkeit Ihres Kindes respektieren, Ihre Gründe dafür zu verstehen. Die drei Bestandteile einer wirksamen Zurechtweisung wegen Schlagens sind Folgende: Sagen Sie ihrem Kind, dass es aufhören soll (»Hör auf zu schlagen!«); erklären Sie ihm, warum Sie das Verhalten missbilligen (»Schläge tun weh!«), und bieten Sie eine angemessene Alternative an (»Wenn du wütend bist, dann verlasse einfach die Gruppe.«). Verhält sich Ihr Kind weiterhin aggressiv, dann wiederholen Sie den Tadel, und verbinden Sie ihn mit einer Auszeit (siehe Seite 26), um Ihrer Botschaft mehr Ausdruck zu verleihen.

Vergessen Sie den Zwischenfall, wenn er vorbei ist.
Ihrem Kind vorzuhalten, dass es irgendwann einmal aggressiv gewesen ist, lehrt es kein gutes Benehmen, ganz im Gegenteil: Es erinnert das Kind nur daran, wie man sich aggressiv verhält.

Was Sie nicht tun sollten

Werden Sie nicht aggressiv, um Aggressionen zu stoppen.
Wenn Sie Ihr Kind schlagen, geben Sie ihm damit nur die Rechtfertigung, andere unter ähnlichen Umständen ebenfalls zu schlagen. Denn Sie sind das größte Vorbild Ihres Kindes. Üben Sie sich daher unbedingt in Selbstkontrolle!

Lassen Sie keinen Dampf ab, wenn Ihr Kind es tut.
Wenn Sie wütend werden, wenn Ihr Kind um sich schlägt oder etwas aus Wut zertrümmert, beweist ihm das nur, dass es mit seiner Aggression Macht über Sie ausüben kann.

Mike, der Beißer

Mit 22 Monaten wurde Mike Müller als »Beißer von nebenan« bekannt. Er hatte schon viel an seinen beiden älteren Brüdern geübt, die ihn immer gnadenlos ärgerten. Die Neckereien seiner drei- bis fünfjährigen Brüder schienen die Mutter nicht zu beunruhigen. Tatsächlich witzelte die ganze Familie oft über alles Mögliche, und sie sah die Tatsache, dass sich die älteren Jungs über Mike lustig machten, nur als harmlosen Spaß an. Ihr Mann war anderer Meinung. »Stell dir vor, wie sich Mike bei all den Hänseleien fühlt«, sagte er eines Tages.

Auch wenn sie es nicht zugeben wollte, hatte Frau Müller über dieses Problem noch nie aus Mikes Perspektive nachgedacht – dass er sich an seinen Brüdern rächte, indem er sie biss, weil er ihren Verbalattacken nicht gewachsen war. Sie entschied sich, allen drei Jungen beizubringen, dass zu beißen, zu schlagen, zu hänseln und Dinge umherzuwerfen ab sofort nicht mehr geduldet würde.

Am nächsten Tag fing Mike erneut an, seine Brüder zu beißen, nachdem sie ihn »kleiner Miesepeter« genannt hatten. Frau Müller wies zuerst Mike zurecht. »Hör auf zu beißen, Mike. Beißen tut weh! Wir beißen Äpfel, keine Menschen. Es verletzt sie.«

Aber der Tadel konnte die verbalen und körperlichen Attacken der Jungen nicht stoppen. Also sagte Frau Müller: »Es tut mir Leid, dass ihr euch immer noch beißt und ärgert. Auszeit!« Die Jungen wurden zu verschiedenen Stühlen gebracht und aufgefordert, über das Geschehene nachzudenken und sich zu überlegen, wie man es in Zukunft vermeiden könnte.

Als Frau Müller die Regeln konsequent durchsetzte und ihre Jungs jedes Mal lobte, wenn sie zu Hause gut miteinander auskamen, lernten diese, ihr Verhalten zu ändern. Mike biss immer seltener zu, da er die Hänseleien seiner Brüder nicht mehr ertragen musste, und die älteren Jungen lernten, dass Ärgern andere verletzt.

Angst vor Veränderung

»Nein! Mami soll das machen!«, schreit der Sohn, wenn sein Papa ihn baden will, weil das eben »Mamis Job« ist. Viele Menschen haben Probleme mit Veränderungen, aber Vorschulkinder tun sich besonders schwer damit. Denn sie hatten in ihrem kurzen Leben noch nicht viel Gelegenheit, sich an Veränderungen zu gewöhnen. Vorhersehbare Gleichförmigkeit als beruhigend zu empfinden ist daher sehr verbreitet unter kleinen Leuten, aber manchmal grenzt der Wunsch nach Sicherheit schon an Schwerfälligkeit. Helfen Sie zurückhaltenden Kindern, zu lernen, offener gegenüber Veränderungen zu werden, damit sie all ihre Chancen nutzen können, wenn sie größer sind.

Wie Sie dem Problem vorbeugen

Betrachten Sie die Fehler Ihres Kindes wohlwollend.
Wenn Sie Ihrem Kind vermitteln, dass es keine große Sache ist, wenn es mal einen Fehler macht, helfen Sie ihm dabei, zu lernen, dass kein Mensch perfekt ist. Diese Lektion wird ihm zugute kommen, wann immer es sich einem Problem stellen muss. Sagen Sie: »Schade, dass du die Milch verschüttet hast. Lass uns sehen, wie wir das wieder sauber kriegen. Das kann jedem mal passieren.«

Lehren Sie Ihr Kind, Entscheidungen zu treffen.
Ihr Kind möchte sich als Herr seines Schicksals fühlen, also erlauben Sie ihm, einfache Entscheidungen zu treffen. Wenn es z.B. zwischen zwei Sorten Müsli, zwei Paar Socken oder zwei Spielen aussuchen darf, gibt ihm das das Gefühl, seine Welt unter Kontrolle zu haben.

Respektieren Sie die Individualität Ihres Kindes.
Vielleicht fällt es Ihrem Kind besonders schwer, zu akzeptieren, dass die Dinge sich ständig ändern, weil es kein so flexibles Temperament hat. Bedenken Sie, dass der Charakter jedes Kindes einzigartig

ist. Vermeiden Sie es, Dinge zu sagen wie »Stell dich doch nicht so an!«, wenn eine Veränderung Ihr Kind aus der Fassung bringt. Sagen Sie lieber: »Ich weiß, dass es schwer für dich ist, den Babysitter zu wechseln. Aber du schaffst das schon.«

Wie Sie das Problem lösen

Fördern Sie die Belastbarkeit Ihres Kindes.
Unflexible Kinder versuchen, sich jeder Veränderung so weit wie möglich zu widersetzen. Wenn Sie Ihrem Kind sagen, dass es etwas tun darf und nicht muss, kann das sein Gefühl, die Kontrolle zu verlieren, in Interesse und Begeisterung verwandeln. Helfen Sie ihm, sich die Grundlagen für den flexiblen Umgang mit Veränderungen anzueignen, indem Sie z.B. sagen: »Heute Abend bekommst du einen neuen Babysitter. Du wirst bestimmt jede Menge Spaß mit ihr haben. Ist es nicht aufregend, jemand Neues kennen zu lernen?«

Lehren Sie Ihr Kind, mit Veränderungen umzugehen.
Kinder, denen gezeigt wird, wie man mit Veränderungen umgeht, können sich dieser Herausforderung besser stellen. Sagen Sie z.B.: »Dein neues Hemd sieht sehr schön aus! Es ist doch nicht schlimm, wenn du das alte blaue heute mal nicht anziehst. Du wirst dich in dem schönen neuen gelben Hemd ganz toll fühlen.«

Setzen Sie dem Kind Ziele.
Kinder fühlen sich weniger ihrem Schicksal ausgeliefert, wenn sie ausreichend Zeit bekommen, um sich auf Veränderungen einzustimmen. Sie können Ihrem Kind helfen, Neues bereitwilliger zu akzeptieren, wenn Sie es sich Ziele setzen lassen, um mit der Veränderung umzugehen. Sagen Sie z.B.: »Morgen gehen wir mit dem Kindergarten in den Zoo. Das wird dir gefallen. Lass es unser Ziel sein, morgen ganz viel Spaß zu haben.« Dann erinnern Sie es immer wieder an sein Ziel und lassen es Ihr Kind wiederholen.

Lehren Sie Ihr Kind, wie man Probleme löst.
Wenn Kinder mit Veränderungen konfrontiert sind und nicht wissen, wie sie damit umgehen sollen, ist es hilfreich, ihnen eine begrenzte Zahl von Optionen anzubieten, damit sie ihre eigene Wahl treffen können. Sagen Sie z.B.: »Ich weiß, dass du nicht in das große Bett umziehen willst. Lass uns mal darüber nachdenken, wie wir dir das erleichtern können. Du kannst ja deinen Teddybär mit in das große Bett nehmen, und der passt auf dich auf. Oder du probierst es einfach mal für ein paar Nächte, und dann schauen wir, wie du dich fühlst.«

Was Sie nicht tun sollten

Reagieren Sie auf Widerstand nicht mit Zorn.
Kinder, die Veränderungen aus der Fassung bringen, brauchen Unterstützung und Mitgefühl, um ihrer Ängste Herr zu werden. Wenn Sie wütend auf Ihr Kind werden, weil es so unflexibel ist, verschlimmert das nur sein Gefühl der Hilflosigkeit.

Tassen-Terror
Julia Barth war zwar erst zweieinhalb Jahre alt, aber sie hatte schon einen ordentlichen Dickkopf entwickelt. Sie wusste genau, was sie wollte und wie sie es wollte, und ihre Eltern, Delia und Jörg, versuchten, ihre Wünsche, wo immer möglich, zu respektieren. Wurde Julia mit irgendwelchen Veränderungen konfrontiert, stellte sie sich stur, schrie und verfiel schließlich in untröstliche, tränenreiche Tiraden.
Delia und Jörg wollten Julia dabei helfen, flexibler zu werden. Jörg wusste, dass es ihm bei der Arbeit half, sich überschaubare Ziele zu setzen, um sich besser konzentrieren zu können und sich nicht von der Sorge ablenken zu lassen, nicht rechtzeitig fertig zu werden. Er dachte, dass auch Julia ihre Angst vor Veränderungen in den Griff bekommen könnte, wenn sie sich auf ein konkretes Ziel konzentrierte. Delia und Jörg beschlossen, dass sich Julias erstes Ziel auf ihre standhafte Weigerung beziehen sollte, ein anderes

Frühstücksgeschirr zu benutzen. Wenn sie lernen würde, bei Tassen und Tellern flexibler zu sein, so hofften sie, dann könnte sie auch mit anderen Veränderungen besser umgehen. Also fingen sie an, indem sie Julia ein neues Frühstücks-Set kauften, das sie selbst aussuchen durfte.

An diesem Abend sagte Delia: »Julia, lass uns dir für morgen früh ein Ziel setzen. Ich glaube, es wäre ein gutes Ziel, Spaß daran zu haben, beim Frühstück dein neues Geschirr zu benutzen.« Julia sah ihre Muter an und nickte, aber Delia war nicht sicher, ob die Botschaft angekommen war. Ein paar Minuten später sagte sie: »Julia, weißt du noch, was dein Ziel für morgen früh ist? Du wirst Spaß dabei haben, dein neues Geschirr zu benutzen.« Diesmal antwortete Julia: »Mmmh, weiß ich.« Die Barths erinnerten sie an diesem Abend noch mehrmals an das Ziel. Sie gingen auch ein paar Mal in die Küche, um zu sehen, wie schön die neuen Sachen aussahen.

Beim Frühstück am nächsten Morgen lief Julia ganz erwartungsvoll zum Küchentisch und fragte: »Wo ist meine neue Tasse und meine neue Schüssel?« Delia und Jörg wussten, dass sie auf einem guten Weg waren. Sie konnten Julia helfen, Veränderungen zu akzeptieren, indem sie ihr dabei halfen, sich darauf zu freuen. Nach einigen Tagen mit dem neuen Geschirr sagten die Eltern: »Julia, lass uns morgen zum Frühstück die alte blaue Tasse und die blaue Schüssel verwenden.«

»Nein!«, schrie Julia. »Die neue Tasse! Ich will die neuen Sachen!«

Delia und Jörg reagierten nicht so auf ihren Trotz, wie sie das in der Vergangenheit getan hatten. Stattdessen beschlossen sie, ihr zu helfen, sich ein neues Ziel zu setzen. An diesem Abend sagte Delia: »Julia, wir setzen uns für morgen früh ein neues Ziel. Ich möchte, dass es dein neues Ziel ist, das alte blaue Geschirr zum Frühstück zu benutzen.« Später fragte sie: »Julia, was ist das Ziel für morgen früh?« Julia dachte einen Moment lang nach und sagte: »Die blaue Tasse und Schüssel?« »Ganz genau«, sagte Delia. »Ich freue mich, dass du dich an das neue Ziel erinnert hast.«

Obwohl Delia und Jörg sich nicht sicher waren, ob sich diese kleine Übung lohnen würde, freuten sie sich sehr, als Julia anfing, das Ganze als Spiel zu betrachten und sich schon auf das neue Ziel für den nächsten Tag zu freuen. Sie wussten nun, dass Julia sich mit Veränderungen anfreunden konnte, wenn sie darauf vorbereitet wurde.

Appetitlosigkeit

Eltern müssen ihre Vorschulkinder oft zum Essen drängen, weil viele Kinder unter sechs Jahren so sehr damit beschäftigt sind, die Welt zu entdecken, dass für die Mahlzeiten kaum Zeit bleibt. Wird die Versuchung übermächtig, Ihr Kind zum Essen zu zwingen, dann versuchen Sie zuerst, ihm mehr Aufmerksamkeit zu schenken, wenn es isst (auch die kleinste Erbse!) als dafür, dass es nicht isst.

Anmerkung: Vorschulkinder sind bekannt für ihre zeitweiligen Phasen der Appetitlosigkeit; dahinter muss noch keine Krankheit stecken. Holen Sie sich jedoch professionelle Hilfe, wenn der Verdacht besteht, dass das Kind körperlich krank ist und aus diesem Grund nichts essen kann.

Wie Sie dem Problem vorbeugen

Lassen Sie keine Mahlzeiten aus.
Wenn Sie selbst Mahlzeiten ausfallen lassen, glaubt Ihr Kind, es sei in Ordnung, nichts zu essen, da Sie es ja schließlich auch nicht tun.

Lästern Sie nicht über Rettungsringe.
Verherrlichen Sie auch keine Model-Maße. Sogar ein Dreijähriges Kind kann schon ein gestörtes Verhältnis zum eigenen Körper entwickeln, wenn ihm in seinem Umfeld die Besessenheit vom Idealgewicht vorgelebt wird.

Informieren Sie sich über die richtige Ernährung.
Aktivität, Körpergröße und das Tempo seines Wachstums bestimmen, wie die Ernährung Ihres Kindes aus den fünf Nahrungsgruppen (Milchprodukte, Fleisch, Getreide, Obst und Gemüse) optimal zusammengesetzt sein sollte. Lassen Sie sich bei speziellen Ernährungsfragen vom Kinderarzt beraten oder besorgen Sie sich einschlägige Literatur.

Wie Sie das Problem lösen

Geben Sie lieber mehrere kleine Mahlzeiten.
Gewöhnen Sie Ihr Kind an regelmäßige Mahlzeiten. Sein Magen ist allerdings nicht so groß wie Ihrer, kann also nicht genug Nahrung aufnehmen, um vier oder mehr Stunden zwischen den Hauptmahlzeiten zu überbrücken. Lassen Sie Ihr Kind deshalb so oft etwas essen, wie es möchte, aber nur gesunde, nahrhafte Lebensmittel. Sagen Sie z.B.: »Sag mir, wenn du Hunger hast, dann bekommst du Sellerie mit Erdnussbutter oder einen Apfel mit einem Stück Käse.«

Lassen Sie Ihr Kind sein Essen selbst aussuchen.
Lassen Sie manchmal Ihr Kind aussuchen, was es zu Mittag oder als Zwischenmahlzeit essen möchte. Wenn es die Kontrolle darüber hat, was es isst, dann werden die Mahlzeiten gleich viel interessanter. Bieten Sie ihm aber nur zwei Alternativen an, damit der Entscheidungsprozess das Kind nicht überfordert.

Sorgen Sie für Abwechslung und Ausgewogenheit.
Kinder müssen lernen, wie man sich richtig ernährt, was natürlich die verschiedensten Nahrungsmittel beinhaltet. Lassen Sie Ihr Kind Geschmack, Konsistenz und Aroma möglichst vieler nahrhafter Lebensmittel entdecken. Bedenken Sie, dass sich der Geschmack bei Kleinkindern oft über Nacht ändert, also seien Sie darauf gefasst, dass Ihr Kind sein aktuelles Lieblingsgericht morgen schon nicht mehr ausstehen kann.

Lassen Sie der Natur ihren Lauf.
Ein normales, gesundes Kind ernährt sich ganz von selbst über den Zeitraum von einer Woche auf eine Weise, die Kinderärzte als ausgewogen bezeichnen würden. Das wurde in Studien bewiesen. Behalten Sie im Auge, was Ihr Kind von Montag bis Sonntag zu sich nimmt – nicht von morgens bis abends –, ehe Sie sich Sorgen um seine Ernährung machen.

Loben Sie Ihr Kind, wenn es den Mund voll hat.
Ermutigen Sie Ihr Kind, wenn es einen gesunden Happen zu sich nimmt, um ihm zu zeigen, dass zu essen mehr Aufmerksamkeit einbringt, als nicht zu essen. Loben Sie sein Verhalten, indem Sie sagen: »Schön, dass dir das Brot schmeckt.«

Achten Sie auf regelmäßige Mahlzeiten.
Bringen Sie Ihrem Kind bei, mit Ihnen am Tisch zu sitzen. Zwingen Sie es aber nicht, große Portionen zu essen, sondern stellen Sie den Timer und bestimmen Sie, wie lange Ihr Kind am Tisch sitzen bleiben muss, egal ob es isst oder nicht. Lassen Sie Kinder unter drei Jahren maximal fünf Minuten am Tisch sitzen, Vier- oder Fünfjährige maximal zehn Minuten. Beobachten Sie, wann Ihr Kind normalerweise Hunger bekommt, um seinen Rhythmus zu bestimmen.

Was Sie nicht tun sollten

Belohnen Sie das Essen nicht mit Süßigkeiten.
Lebensmittel dienen der Ernährung, nicht als Belohnung. Statt Ihr Kind mit einem Eis zu belohnen, weil es sein Gemüse aufgegessen hat, sagen Sie: »Weil du deine grünen Bohnen so brav aufgegessen hast, darfst du nach dem Abendbrot noch nach draußen gehen.«

Betteln Sie nicht.
Wenn Ihr Kind nicht essen will, dann betteln Sie nicht darum, und versuchen Sie nicht, es zu bestechen. So wird aus der Nahrungsverweigerung ein Spiel, um Ihre Aufmerksamkeit zu erregen. Das gibt dem Kind das Gefühl, Macht über Sie zu haben.

Werden Sie nicht wütend, wenn Ihr Kind nicht isst.
Wann immer Sie Ihrem Kind Aufmerksamkeit dafür schenken, dass es nicht isst, machen Sie das Verweigern der Nahrung viel interessanter als das Essen selbst.

»Ich will nichts essen!«

Als Lars Hobert vier Jahre alt wurde, verlor er plötzlich jeglichen Appetit. Seine Eltern hatten dafür keine Erklärung, und auch der Kinderarzt war mit seinem Latein am Ende. Eines Abends bekam Lars einen beachtlichen Wutanfall, als Frau Hobert ihn anbettelte, doch nur eine einzige Erbse zu essen. Er warf den Teller um und schrie: »Nein, ich will nichts essen!«

Herr Hobert beschloss, dass es Zeit war, das Problem nicht mehr nur seiner Frau zu überlassen. »So, Lars, hör mir mal gut zu. Wenn du nicht wenigstens ein paar Nudeln isst, musst du den Tisch verlassen«, drohte er, um seinem Sohn klar zu machen, wer hier das Sagen hatte. Er hätte nie gedacht, dass Lars sich nicht zweimal bitten ließ und sofort von seinem Stuhl kletterte.

»Lars Hobert, du wirst diesen Tisch nicht verlassen! Du bleibst sitzen und isst dein Abendbrot, auch wenn es die ganze Nacht dauert«, brüllte Herr Hobert, änderte damit seine eigene Regel und verwirrte seinen Sohn vollständig.

Später an diesem Abend, nachdem sie ihren Sohn ins Bett gebracht hatten, beschlossen die Hoberts, dass sie etwas anderes versuchen mussten – sie wollten ihren Jungen nicht anschreien oder schlagen, weil er nicht richtig aß. Sie wollten, dass es bei ihren gemeinsamen Mahlzeiten wieder darum ging, Spaß zu haben und über den vergangenen Tag zu sprechen.

Am nächsten Abend schenkten sie dem Essen überhaupt keine Aufmerksamkeit und ignorierten Lars' Appetitlosigkeit. »Sag mir, was du heute im Kindergarten gemacht hast«, begann Lars' Mutter eine Unterhaltung. Lars wurde ganz munter, als er erzählte, dass sie Fahnen gebastelt hatten. Während seiner aufgeregten Erzählung aß er wie zufällig einen Löffel Kartoffelbrei.

»Na, das war ja ein schöner Tag im Kindergarten«, sagte Frau Hobert. »Ich freue mich auch, dass dir der Kartoffelbrei schmeckt«, fügte sie hinzu. Die Hoberts aßen weiter, versuchten aber nicht, ihren Sohn dazu zu bringen, noch mehr Kartoffelbrei zu essen.

Das Abendessen wurde von nun an weniger anstrengend. Frau Hobert bereitete kleine lustige Schiffchen aus Karottenstücken und Gesichter aus Käse und Rosinen vor, die Lars über den Tag verteilt essen konnte. Er entwickelte dabei ein ganz neues Interesse am Essen, aber abends blieb es bei wenigen Löffeln. Doch die Hoberts wussten die Minuten, in denen ihr Sohn aß, zu schätzen und ließen ihn entscheiden, wann er hungrig war.

Badezimmer-Dramen

Von der Wegwerf-Windel bis zum »Keine-Tränen«-Shampoo – Produkte, die das Baden, Wickeln und Haarewaschen für Kinder und Eltern so angenehm wie möglich machen sollen, gibt es wie Sand am Meer. Denn es ist kein Geheimnis, dass kleinen Kindern die Körperpflege meist zuwider ist. Versuchen Sie daher, diese weniger langweilig zu gestalten, indem Sie Ihr Kind ablenken (Lieder singen, Geschichten erzählen) und jegliche Mitarbeit loben.

Beachten Sie aber den Unterschied zwischen Produkten, die Ihr Kind körperlich reizen (z.B. in den Augen brennen), und solchen, die das nur in seiner Vorstellung tun (jede Art von Seife ist unangenehm), indem Sie den Protest sorgfältig einordnen. Falls nötig, wechseln Sie Produkte aus, die Ihr Kind nicht verträgt.

Wie Sie dem Problem vorbeugen

Seien Sie flexibel, was das »Wann« und »Wo« betrifft.
Versuchen Sie, Kompromisse zu schließen, wo und wie Sie Ihrem Kind z.B. die Windeln wechseln (auf der Couch, im Stehen oder Liegen) oder wann Sie ihm die Haare waschen. Seien Sie flexibel, damit Ihr Kind etwa nicht wegen des Haarewaschens bei seiner Lieblingsbeschäftigung gestört wird.

Beziehen Sie Ihr Kind mit ein.
Lassen Sie Ihr Kind beim Baden oder Wickeln auch eine Rolle spielen. Bitten Sie es, Ihnen Dinge zu bringen, die es schon tragen kann. Lassen Sie es sein liebstes Spielzeug oder Handtuch aussuchen, um ihm das Gefühl zu geben, den Ablauf zu kontrollieren.

Bereiten Sie Ihr Kind auf sein Bad vor.
Geben Sie Ihrem Kind ein wenig Zeit, sich z.B. auf das Bad vorzubereiten, damit der Übergang vom Spielen weniger abrupt ist.

Sagen Sie: »Wenn der Timer klingelt, dann ist es Zeit für die Badewanne« oder: »In ein paar Minuten wechseln wir deine Windel« oder: »Wenn wir das Buch fertig gelesen haben, dann gehst du in die Badewanne, und wir waschen deine Haare.«

Entwickeln Sie eine positive Einstellung.
Ihr Kind reagiert auf den Klang Ihrer Stimme. Wenn Sie also die Zeit fürs Bad ankündigen, achten Sie darauf, nicht besorgt oder gestresst zu klingen, sonst glaubt Ihr Kind, dass das Baden genauso schrecklich ist, wie es sich das vorstellt.

Wie Sie das Problem lösen

Haben Sie Spaß dabei.
Lenken Sie Ihr Kind ab, indem Sie reden, spielen, Abzählreime aufsagen oder singen. Sagen Sie: »Lass uns ›Hänschen Klein‹ singen« oder »Ich wette, du kannst das Boot nicht schnappen!« Halten Sie Monologe, wenn Ihr Kind noch nicht (mit)reden kann.

Lassen Sie Ihr Kind mithelfen.
Bitten Sie Ihr Kind, sich selbst das Bäuchlein zu waschen oder die Windel zu öffnen, damit es das Gefühl hat, an seiner Körperpflege beteiligt zu sein. Das kleinste Zeichen von Kooperation ist hier schon ein Grund für höchstes Lob. Liebkosen und ermutigen Sie Ihr Kind. Je mehr Aufmerksamkeit es für das von Ihnen gewünschte Verhalten bekommt, desto öfter wird es so handeln. Sagen Sie: »Das ist prima, wie du das Shampoo im Haar verteilst.« Oder: »Danke, dass du so brav liegen bleibst, während ich dich wickle.«

Wenden Sie Großmutters Spielregel an.
Lassen Sie Ihr Kind wissen, dass es tun darf, was es möchte (Spielen), nachdem es getan hat, was Sie möchten (Baden). Sagen Sie: »Wenn wir fertig sind, darfst du spielen.«

Verfolgen Sie beharrlich Ihr Ziel.
Bringen Sie allen Tränen, Tritten und Schreien zum Trotz die »Säuberungsaktion« entschlossen zu Ende. Wenn Ihr Kind mitbekommt, dass Sie sein Geheul nicht davon abhält, es zu waschen, wird es auch einsehen, dass Sie die Prozedur schneller erledigen, wenn es den Weg des geringsten Widerstandes geht.

Machen Sie Ihrem Kind Komplimente.
Sagen Sie Ihrem Kind nach der Waschaktion, wie schön es aussieht und wie gut es riecht. Fordern Sie es auf, in den Spiegel zu sehen. So wird es daran erinnert, warum es gebadet und gewickelt werden muss. Wenn das Kind lernt, auf sein Aussehen stolz zu sein, wird ihm das helfen, der Sauberkeit Priorität einzuräumen.

Was Sie nicht tun sollten

Erwarten Sie keine Kooperation.
Nur weil Ihr Kind eine neue Windel braucht, heißt das noch lange nicht, dass es beim Wickeln stillhält. Wenn Sie es deshalb grob anfassen, bewirken Sie damit nur noch mehr Widerstand.

Machen Sie das Baden nicht beschwerlich für Ihr Kind.
Versuchen Sie, Ihrem Kind das Waschen so angenehm wie möglich zu machen. Geben Sie ihm ein Tuch, um seine Augen zu trocknen, achten Sie auf die richtige Temperatur des Badewassers, kuscheln Sie es nach dem Bad in einen Bademantel ein usw.

Das Meer in der Badewanne
Caroline und Philipp Pocher badeten ihre Zweijährige genauso wie alle anderen Eltern. Aber mittlerweile fürchteten sie, dass mit Laura etwas nicht stimmte, weil sie während der ganzen Prozedur schrie und strampelte.
Die Pochers sprachen mit ihrem Kinderarzt, der ihnen versicherte, dass Seife, Badewasser und Handtücher weder schädlich wären noch die Haut reizten.

Herr Pocher glaubte, einfach härter durchgreifen zu müssen, aber schließlich wurde man sich einig, dass es das Beste wäre, die tägliche Körperhygiene für Laura attraktiver zu machen. Das Einzige, was ihr im Zusammenhang mit Wasser überhaupt Spaß machte, war das Schwimmen in der Ostsee während der Sommerferien gewesen. Also beschlossen die Pochers, ihre Badewanne zukünftig zum Meer der Freude zu machen.
An diesem Abend ließen sie den Wecker klingeln, als es Zeit war, ins »Meer« zu gehen. »Wenn der Wecker klingelt, ist es Zeit, ›Meer der Freude‹ zu spielen«, sagte Frau Pocher zu Laura.
Als der Timer klingelte, suchten Laura und ihre Mutter Handtücher und Seife zusammen, und Laura war ganz aufgeregt und wollte alles über das neue Spiel wissen. Sie lachte vor Freude, als ihre Mutter sie ins Badezimmer führte, wo sie das blauste »Meer« vorfand, das sie je gesehen hatte (das Ergebnis eines blauen Badezusatzes), und auf dem lustige kleine Boote um ein Spielzeug-Schiff kreisten, das einen Seifenspender an Bord hatte.
Laura brauchte keine Sondereinladung, um ins Wasser zu steigen, und spielte sofort mit den Schiffchen. Ihre Mutter sang ein Lied über einen Fischkutter und gab Laura Shampoo auf die Hand, damit sie ihr Haar zum ersten Mal selbst waschen konnte. Das Bad fand ohne Geschrei statt – es wurde nur etwas Wasser verspritzt. Frau Pocher badete Laura von da an täglich im »Meer« und gab ihr so die Möglichkeit, zu lernen, wie man weniger herumspritzt, sich wäscht und sogar Spaß dabei hat.

Eifersucht

Kleinkinder glauben noch, dass sie der Mittelpunkt des Universums sind und deshalb jederzeit ungeteilte Aufmerksamkeit beanspruchen können. Diese egozentrische Weltsicht ist die Quelle von Eifersucht und Rivalität unter Geschwistern. Wenn ihnen die Aufmerksamkeit, die sie verlangen, fehlt, weil eins der Geschwister, ein neues Baby oder sogar ein Elternteil sie bekommt, mutieren Vorschulkinder oft zu neidischen Ungeheuern. Sie schmollen, schreien und sabotieren oder erregen negative Aufmerksamkeit, indem sie ihre Geschwister schlagen oder Spielsachen kaputtmachen. Nutzen Sie das eifersüchtige Verhalten des Kindes als Gelegenheit zum Lernen. Geben Sie ihm die Aufmerksamkeit, die es braucht, sowie die Möglichkeit, sich nützlich zu machen.

Wie Sie dem Problem vorbeugen

Lassen Sie Ihr Kind mitmachen.
Wenn Sie zum z.B. die Windeln Ihres Säuglings wechseln, bitten Sie Ihr eifersüchtiges älteres Kind, eine neue Windel zu holen, die Pflegelotion zu halten oder das Baby abzulenken. Wenn Ihr Kind eifersüchtig wird, weil Sie Ihren Partner bzw. Ihre Partnerin umarmen, dann nimmt es ihm den Wind aus den Segeln, wenn Sie es dazuholen und die Umarmung ein bisschen größer machen.

Loben Sie Ihr Kind, wenn es Sie mit anderen teilt.
Wenn Ihr Kind akzeptiert, dass Sie Ihre Aufmerksamkeit bisweilen auch auf andere richten, dann stellen Sie seine Bereitschaft positiv heraus, Sie zu teilen, indem Sie sagen: »Das war sehr lieb von dir, dass du mich mit dem Baby geteilt hast. Danke, dass du so großzügig bist.«

Lassen Sie Ihr Kind spüren, dass es etwas Besonderes ist.
Um die Eifersucht in Schach zu halten, sollten Sie dem älteren Geschwisterchen erlauben, Geschenke für das Baby auszupacken und sie ihm zu zeigen. Bitten Sie Freunde, Geschenke für beide Kinder mitzubringen. So fühlt sich das Ältere nicht zurückgesetzt.

Würdigen Sie die Kunstwerke jedes Kindes einzeln.
Stellen Sie die selbst gebastelten und gemalten Kunstwerke jedes Kindes an einem eigenen, besonderen Platz aus, um so jedem Kind zu versichern, dass seine Anstrengungen individuell gewürdigt werden. Besonders wichtig ist das bei etwa gleichaltrigen Geschwistern.

Wie Sie das Problem lösen

Zeigen Sie Mitgefühl und sorgen Sie für Beschäftigung.
Wenn die Eifersucht aufflackert, dann zeigen Sie Ihrem Kind, dass Sie verstehen, wie es sich fühlt, indem Sie beispielsweise sagen: »Ich weiß, dass es dir nicht gefällt, wenn ich mich um deine kleine Schwester kümmern muss, aber ich glaube, dass du damit umgehen kannst. Jetzt spielst du mit deinen Legosteinen, bis ich fertig bin, und dann spiele ich wieder mit dir.«

Kontrollieren Sie Ihre Zeit.
Ein Kind würde Liebe so buchstabieren: Z-E-I-T. Überlegen Sie, wie viel Zeit Sie mit Ihrem Kind verbringen (möchten). Wenn es sicher sein kann, dass Sie es lieben, wird es keine dramatischen Ausschläge auf der Eifersuchts-Skala geben. Sagen Sie ihm regelmäßig, dass sie es lieb haben. Stärken Sie die Verbindung zu jedem Ihrer Kinder, indem Sie spezielle Verabredungen zum Spielen nur für Sie beide treffen. So fühlt sich jedes Kind wichtig und geschätzt.

Verwandeln Sie Eifersucht in Hilfsbereitschaft.
Kinder möchten, dass sich alles um sie dreht, aber sie wollen auch unabhängig sein. Sie müssen lernen, dass Unabhängigkeit ihren Preis hat, dass sie auf die Aufmerksamkeit der Eltern verzichten müssen, um ein Gefühl der Kontrolle und Selbstbestimmung zu erlangen. Wenn Sie Kinder lehren, anderen gegenüber hilfsbereit zu sein, wenn sie sich ausgeschlossen fühlen, helfen Sie ihnen, ein negatives Verhalten in etwas Lobenswertes umzuwandeln.

Was Sie nicht tun sollten

Vergleichen Sie Ihr Kind nicht mit anderen Kindern.
»Ich wünschte, du wärst so hilfsbereit wie dein kleiner Bruder« oder »Nimm dir ein Beispiel an deiner großen Schwester. Sie ist immer

so brav.« Wenn Sie so etwas zu Ihrem Kind sagen, dann wird es glauben, Ihre Erwartungen nicht erfüllen zu können. Für Kinder bedeutet das, dass sie nicht so liebenswert sind wie andere Familienmitglieder, was schnell Eifersucht und Rivalität heraufbeschwört.

Bestrafen Sie Ihr Kind nicht.
Wenn Ihr Kind sich danebenbenimmt, um Ihre Aufmerksamkeit zu ergattern, dann bestrafen Sie es nicht dafür. Sein Gefühl der Entfremdung wird dadurch nur noch größer. Zeigen Sie ihm stattdessen, wie es besser damit zurechtkommen kann, nicht jederzeit Ihre volle Aufmerksamkeit zu bekommen. Sagen Sie: »Es tut mir Leid, dass du dich so aufregst, weil ich jetzt nicht mit dir spielen kann. Lass uns eine Vereinbarung treffen: Ich spiele jetzt noch ein bisschen mit deiner kleinen Schwester, und wenn der Wecker klingelt, lese ich dir aus deinem Buch vor. Das nächste Mal machen wir es umgekehrt, und du bist zuerst dran.«

Janas Eifersucht
Jana Goerden war ganz aufgeregt, als sie erfuhr, dass sie ein kleines Geschwisterchen bekommen sollte. Ihre Eltern, Sebastian und Christine Goerden, waren davon überzeugt, dass Jana keinerlei Schwierigkeiten haben würde, das Baby zu akzeptieren. Doch es gab eine böse Überraschung!
Als das Baby Jakob nach Hause gebracht wurde, ging ein paar Tage lang alles gut, weil die Oma zu Besuch war, und Jana jede Menge Aufmerksamkeit bekam. Als ihre Oma jedoch abreiste, wurde Jana klar, dass ihre Mutter viel zu viel Zeit mit dem Baby verbrachte. Sie beschloss, wieder Kind Nummer Eins im Hause Goerden zu werden.
Jana versuchte es eine Zeit lang mit Gequengel, aber das brachte ihre Mama nicht dazu, Jakob sich selbst zu überlassen und wieder mit ihr zu spielen. Schmollen half auch nichts, niemand schien es überhaupt zu bemerken. Also fing sie an, nicht mehr das zu tun, worum ihre Eltern sie baten, z.B. ihre Spielsachen aufzuräumen oder sich die Zähne zu putzen. Ihre Mutter war verärgert und sagte: »Jana, was ist denn bloß in dich gefahren? Du bekommst jetzt eine Auszeit!«

Als Sebastian an diesem Abend heimkam, machten die Goerdens einen Plan, wie sie Jana an der Pflege des Babys beteiligen konnten. So wurde sie Mamas kleine Helferin und war ganz wild darauf, zu assistieren, wenn Jakob gewickelt oder gefüttert wurde. Sie hielt sogar das Märchenbuch, damit Christine ihr vorlesen konnte, während sie Jakob die Brust gab.
Auf geradezu wundersame Weise wurde die eifersüchtige Jana wieder zu einem unkomplizierten, freundlichen Kind, das man gern um sich hatte. Die Goerdens wussten, dass ihr Mitgefühl Ihrer Tochter geholfen hatte, das neue Familienmitglied und die verantwortungsvolle Rolle der großen Schwester zu akzeptieren.

Essen im Übermaß

Manche Vorschulkinder sind so unersättlich wie das Krümelmonster aus der Sesamstraße. Um die Essgewohnheiten Ihres Kindes wieder ins Lot zu bringen, müssen Sie seine Motivation verstehen. Denn übermäßiges Essen ist das Symptom eines Problems und nicht das eigentliche Problem. Mögliche Erklärungen sind Gewohnheit, Langeweile, Nachahmen oder das Verlangen nach Aufmerksamkeit. Helfen Sie Ihrem Kind dabei seine Bedürfnisse auf einem anderen – gesünderen – Weg zu befriedigen.

Anmerkung: Nehmen Sie professionelle Hilfe in Anspruch, wenn Ihr Kind ständig zu viel isst. Eine Diät sollte unbedingt unter ärztlicher Aufsicht stattfinden.

Wie Sie dem Problem vorbeugen

Demonstrieren Sie eine gesunde Einstellung zum Essen.
Ihre Einstellung zum Essen wirkt ansteckend. Wenn Sie ständig über Diäten reden und darüber jammern, zu dick zu sein, dann lernt Ihr Kind, dass das Essen nicht nur seiner Gesundheit dient, sondern noch viel mehr Macht hat. Die Nahrung wird zum Feind,

gegen den man sich verteidigen muss, damit man bloß nicht die Kontrolle verliert und bei einem bösen Stück Schokoladenkuchen oder fettigen Chips schwach wird.

Lernen Sie alles über eine gute Ernährung für Ihr Kind. Aktivität, Körpergröße und das Tempo seines Wachstums bestimmen, wie die Ernährung Ihres Kindes aus den fünf Nahrungsgruppen (Milchprodukte, Fleisch, Getreide, Obst und Gemüse) optimal zusammengesetzt sein sollte. Lassen Sie sich bei speziellen Ernährungsfragen vom Kinderarzt beraten.

Kontrollieren Sie die Ernährung Ihres Kindes. Da Ihr Kind noch zu jung ist, um selbst zu wissen, was es essen sollte und was nicht, ist es Ihre Aufgabe, gesunde Essgewohnheiten zu fördern – je früher, desto besser. Fett- und zuckerreiche Lebensmittel sollten durch solche ersetzt werden, die viele Proteine, Vitamine und Mineralien enthalten, um täglich für ein ausgewogenes Verhältnis nahrhafter Kalorien zu sorgen.

Bringen Sie ihm bei, wann, wo und wie gegessen wird. Erlauben Sie das Essen nur in der Küche oder im Esszimmer. Achten Sie darauf, dass nicht zu hastig und immer nur vom Teller (nicht direkt aus dem Kühlschrank) gegessen wird. Nach etwa 20 Minuten stellt sich ein Sättigungsgefühl ein – egal wie viel wir essen. Ermuntern Sie daher Ihr Kind, langsam zu essen.

Wie Sie das Problem lösen

Sorgen Sie für andere angenehme Beschäftigungen. Finden Sie heraus, was Ihrem Kind abgesehen vom Essen noch Spaß macht, und ermutigen Sie es, sich damit zu beschäftigen, nachdem es sich satt gegessen hat. Zeigen Sie ihm, dass es nicht nur beim Essen auf seine Kosten kommen kann.

Geben Sie Ihrem Kind gesunde Zwischenmahlzeiten.
Ein gesunder Snack kann verhindern, dass Ihr Kind zu hungrig wird und sich bei der nächsten Mahlzeit übermäßig voll stopft.

Beobachten Sie, wann Ihr Kind zu viel isst.
Versuchen Sie herauszufinden, warum Ihr Kind zu viel isst, indem Sie beobachten, ob es bevorzugt zum Essen greift, wenn es gelangweilt, wütend, frustriert oder traurig ist. Helfen Sie ihm, seinen Gefühlen auf andere Art Luft zu machen, z.B. beim Spielen oder im Gespräch. Reden Sie mit Ihrem Kind über seine Sorgen, damit es die Probleme nicht buchstäblich in sich hineinfressen muss.

Achten Sie auf Ihre eigenen Ernährungsgewohnheiten.
Wenn die Eltern täglich ungesundes, kalorienreiches Fastfood zu sich nehmen, tun das die Kinder sehr wahrscheinlich auch.

Loben Sie Ihr Kind, wenn es sich etwas Gesundes aussucht.
Sie können die kulinarischen Vorlieben Ihres Kindes schon durch den Klang Ihrer Stimme beeinflussen, wenn Sie es zur Auswahl gesunder Lebensmittel ermutigen. Wann immer Ihr Kind sich eine Orange anstatt eines Schokoriegels nimmt, sagen Sie: »Da hast du dir aber einen großartigen Snack ausgesucht. Ich bin froh, dass du so gut auf dich achtest und leckere, gesunde Sachen isst.«

Sorgen Sie für Bewegung.
Übergewichtige Kinder essen oft gar nicht mehr als ihre schlanken Altersgenossen; sie bewegen sich aber weniger und verbrennen deshalb einfach nicht genügend Kalorien. Ermuntern Sie Ihr Kind dazu, sich im Winter im Haus sportlich zu betätigen, z.B. zu tanzen oder Seil zu springen. Im Sommer sind beispielsweise Schwimmen, Wandern oder Fußballspielen förderlich für die körperliche Entwicklung. Außerdem bekommt es frische Luft, kann Spannungen abbauen sowie Koordinationsvermögen und Kraft steigern Ihr Kind wird noch mehr Spaß am Sport haben, wenn Sie mitmachen.

Ermuntern Sie Ihr Kind nicht nur beim Essen.
Achten Sie darauf, dass Sie Ihr Kind nicht nur dann ermutigen, wenn es seine Möhren essen soll. Loben Sie es für seine selbst gemalten Kunstwerke, dafür, wie es sich anzieht, dass es seine Spielsachen aufgeräumt hat usw., damit das Kind auch unabhängig von den Mahlzeiten genügend Aufmerksamkeit bekommt.

Was Sie nicht tun sollten

Geben Sie dem Heißhunger Ihres Kindes nicht nach.
Nur weil Ihr Kind noch einen Nachschlag will, heißt das nicht, dass es den auch braucht. Reden Sie ihm jedoch wegen seines großen Appetits keine Schuldgefühle ein, und machen Sie auch keine Witze darüber, indem Sie Ihr Kind »mein kleiner Vielfraß« nennen. Bitten Sie den Kinderarzt um einen altersgemäßen Ernährungsplan. Wenn Sie sicher sind, dass Ihr Kind ausreichend gegessen hat, erklären Sie ihm kurz, warum es jetzt nicht noch mehr bekommt.

Verleihen Sie dem Essen keine zu große Bedeutung.
Verwenden Sie Lebensmittel nicht als Geschenk, Trost oder Belohnung für Ihr Kind. Es soll nicht auf die Idee kommen, dass das Essen noch eine andere Bedeutung hat, als den Hunger zu stillen.

Verbieten Sie das Essen vor dem Fernseher.
Essen vor dem Fernseher geschieht unbewusst und verleitet dazu, zu viel zu essen. Weil Ihr Kind durch die TV-Werbung mit Spots für Nahrungsmittel geradezu bombardiert wird, sollten Sie den Fernsehkonsum generell einschränken.

Geben Sie Ihrem Kind kein »Junkfood«.
Was immer Sie Ihrem Kind zu essen geben, das wird es auch in Zukunft erwarten. Geschmackliche Vorlieben sind nicht angeboren, sondern werden anerzogen.

Machen Sie sich nicht über Ihr Kind lustig.
Wenn Sie Ihr Kind wegen seines Übergewichts verspotten, macht das alles nur noch schlimmer, weil es sich so umso mehr schämt und womöglich aus Frust sogar noch mehr in sich hineinstopft. Es ist demütigend genug, wenn es gelegentlich von seinen Spielkameraden gehänselt oder mit uncharmanten Spitznamen gerufen wird.

»Schluss mit den Keksen!«
Die zweieinhalbjährige Rosa Hansen hatte im Familienkreis und im Kindergarten schon den wenig schmeichelhaften Ruf, ein »bodenloses Fass auf zwei Beinen« zu sein. War etwas zu essen in der Nähe, schlug Rosa zu. Sie schien niemals satt zu werden.
»Nein, du bekommst keinen Keks mehr, Rosa!«, schalt Frau Hansen jedes Mal, wenn sie ihre Tochter mit der Hand in der Keksdose erwischte. »Du hast schon so viele Kekse gegessen, dass es für dein ganzes Leben reicht!« Aber weder Tadel noch die Drohung, ihr das Dreirad wegzunehmen, minderten Rosas Verlangen, auch noch den allerletzten Krümel in sich hineinzustopfen.
Frau Hansen fragte den Kinderarzt, wie sie Rosas Essgewohnheiten ändern konnte. Dieser gab ihr einen Ernährungsplan und Rezeptvorschläge, die speziell auf Rosa zugeschnitten waren. Am nächsten Tag wollte Rosa noch eine zweite Portion Haferflocken, nachdem sie die vorgeschriebene Menge gegessen hatte. Aber Frau Hansen konnte ihr jetzt eine Antwort geben, die weder wütend noch beleidigend war: »Schön, dass dir die Haferflocken geschmeckt haben, Rosa. Morgen früh darfst du wieder welche essen. Jetzt lass uns dein neues Buch lesen.«
Die Hansens schafften auch ihre üblichen Keksvorräte ab, damit Rosa neue Lebensmittel ausprobierte, die auch gut schmeckten, aber gesünder waren. Frau Hansen lobte Rosa jedes Mal, wenn sie zu einem gesunden Nahrungsmittel griff. »Ich finde es ganz prima, dass du dir die Orange als Snack ausgesucht hast und keine Kekse.«
Rosa hörte nun immer seltener die verletzende Bemerkung, dass sie ein bodenloses Fass sei, und sie bekam jede Menge Umarmungen und Komplimente dafür, dass sie Obst statt Süßigkeiten aß.

Freiheitsdrang

Oft sind Einjährige in ihrem zarten Alter schon Feuer und Flamme für Entdeckungsreisen. Sie wissen natürlich nicht automatisch, was erlaubt oder verboten ist, aber im Alter von zwei Jahren und mehr können sie diesen Unterschied bereits begreifen, sofern Sie ihn ihnen erklären. Wenn Sie die Abenteuer Ihrer kleinen Entdecker einschränken, achten Sie darauf, die Balance zu halten, indem Sie die Kinder einerseits ihre gesunde Neugier ausleben lassen und sie andererseits lehren, welches Verhalten erwünscht und welches tabu ist.

Wie Sie dem Problem vorbeugen

Setzen Sie klare Grenzen.
Entscheiden Sie, wo die Grenzen verlaufen, und setzen Sie Ihr Kind frühzeitig und konsequent davon in Kenntnis. Sagen sie z.B.: »Du darfst im Wohnzimmer oder im Garten spielen, aber nicht im Büro.«

Machen Sie Ihr Haus oder Ihre Wohnung kindersicher.
Wenn Sie bestimmte Türen geschlossen halten, Treppen blockieren, Schränke zusperren sowie wertvolle und vor allem gefährliche Gegenstände wie Messer oder Feuerzeuge sicher wegsperren, müssen Sie Ihrem Kind seltener etwas verbieten. (Siehe auch »Checkliste Kindersicherheit« im Anhang, Seite 156.)

Erklären Sie, wann Grenzen übertreten werden dürfen.
Machen Sie bestimmte Tabus weniger attraktiv für Ihren kleinen Abenteurer, indem Sie ihm erklären, auf welche Weise er tun kann, was er möchte, ohne sich Ärger einzuhandeln. Sagen Sie z.B.: »Du darfst draußen spielen, wenn du in Sichtweite bleibst.« Erklären Sie Ihrem Kind auch, unter welchen Umständen es etwa einen Raum betreten darf, der sonst tabu ist: »Du darfst in Mamas Büro gehen, aber nur, wenn die Mama dabei ist!«

Geben Sie dem Kind neue Freiheiten.
Wenn Ihr Kind Ihnen zeigt, dass es innerhalb seiner Grenzen verantwortungsvoll handelt, dann lockern Sie diese ein wenig. Sagen Sie ihm, warum Sie das tun. So machen Sie Ihr Kind stolz darauf, sich neue Freiheiten verdient zu haben.

Wie Sie das Problem lösen

Belohnen und loben Sie das Einhalten der Grenzen.
Ermutigen Sie Ihr Kind, sich an die Grenzen zu halten, indem Sie es dafür belohnen. Sagen Sie: »Ich freue mich, dass du bei der Schaukel geblieben bist, anstatt in den Hof nebenan zu gehen. Jetzt darfst du noch fünf Minuten länger schaukeln.«

Lehren Sie die positive Variante der Neugier.
Anstatt Ihr Kind für seine natürliche Neugier und seinen Forscherdrang zu bestrafen, bringen Sie ihm lieber bei, wie es seine Neugier sicher und sinnvoll einsetzen kann – eine Fähigkeit, die ihm sein ganzes Leben lang von Nutzen sein wird.

Ziehen Sie Konsequenzen.
Bringen Sie Ihrem Kind bei, dass der Spaß aufhört, wenn es Grenzen missachtet. Sagen Sie z.B.: »Ich bedaure, dass du über die Straße gelaufen bist. Jetzt musst du im Hinterhof bleiben.« Oder verhängen Sie eine Auszeit.

Was Sie nicht tun sollten

Schlagen Sie Ihr Kind nicht, wenn es auf die Straße läuft.
Schläge ermuntern Ihr Kind nur dazu, das, wofür es bestraft wurde, heimlich zu tun. Kinder, die sich auf die Straße stehlen, sind natürlich in größter Gefahr. Also erhöhen Sie das Risiko nicht.

Vergrößern Sie die Versuchung nicht, indem Sie sich aufregen.
Wenn Sie wütend werden, weil Ihr Kind eine Regel gebrochen hat, lernt es, dass es für seinen Ungehorsam Aufmerksamkeit bekommt, was es dazu ermutigt, noch öfter Schwierigkeiten zu machen.

»Nicht anfassen!«
Frau Stein musste feststellen, dass ihr 15 Monate alter Sohn Alexander bevorzugt empfindliche Pflanzen und zerbrechliche Lampen erforschte. Sie wusste, dass er sich damit wie ein ganz normales Kind benahm. Aber Frau Stein hatte den Eindruck, dass ihre Reaktionen auf Alex' Neugier nicht besonders hilfreich waren. »Nein! Nicht anfassen!«, schimpfte sie und haute ihm auf die Finger.
Frau Stein wurde schließlich klar, dass Alexander so nur lernte, Strafe zu vermeiden, indem er hinter ihrem Rücken auf Entdeckungsreise ging. Also beschloss sie, die Dinge wegzusperren, die er nicht anfassen sollte, zerbrechliche Gegenstände außer Reichweite zu bringen und ihn so oft wie möglich zu beaufsichtigen.
»Nur mit den Augen schauen, nicht mit den Händen!«, sagte sie an einem besonders lebhaften Morgen, als Alexander begann, ein Schmuckkästchen leer zu räumen, das sie versehentlich nicht aufs oberste Regal gestellt hatte. Sie nahm ihm das Kästchen weg und führte ihren Sohn in die Küche, wo beide viel Spaß dabei hatten, Töpfe und Pfannen aus dem Schrank zu holen. Sie spielten auch mit einer Schachtel voller Schlüssel und Vorhängeschlösser, die Alexanders Phantasie beflügelten – Spielsachen, die er auseinander nehmen und gefahrlos untersuchen durfte.
Als alles Gefährliche und Wertvolle außer Reichweite und durch kindersicheres Spielzeug ersetzt worden war, hatten die Steins einen wesentlich angenehmeren Alltag. Obwohl Frau Stein wusste, dass sie auch weiterhin ein Auge auf ihren Sohn haben musste, konnte sie ihm jetzt viel mehr Freiheiten lassen.

Gewaltspiele

Viele Eltern beklagen die Tatsache, dass besonders kleine Jungen jedes x-beliebige Objekt vom Tennisschläger bis zur Möhre in eine imaginäre Waffe verwandeln und damit imitieren, was sie im Fernsehen gesehen haben (wobei Jungen anfälliger für Gewalt auf dem Bildschirm zu sein scheinen als Mädchen). (6) Kleine Kinder verarbeiten Informationen nicht so wie Erwachsene und haben auch noch nicht die Fähigkeit, das Gesehene richtig einzuordnen.

In einschlägigen Studien wird berichtet, dass Vorschulkinder, denen man Spielzeugrevolver und andere Gewalt verherrlichende Spielsachen gab, sich aggressiver verhielten als Kinder, denen nur ein brutaler Film gezeigt wurde. (7) Die Untersuchungen haben gezeigt, dass Kinder schon im Alter von drei Jahren genauso bereitwillig eine Filmfigur imitieren wie reale Personen. (8) Wenn die Eltern dies ignorieren, den Gebrauch von Waffen sogar befürworten oder selbst gewaltbereit sind, werden sie zu schlechten Vorbildern. Dagegen motivieren Eltern, die zeigen, wie man Probleme ohne Gewalt löst und nach friedlichen Lösungen für Konflikte sucht, ihre Sprösslinge, sich weniger aggressiv zu verhalten. (9)

Wie Sie dem Problem vorbeugen

Machen Sie Nächstenliebe zur Priorität.
Verhält Ihr Kind sich aggressiv und benutzt seine Spielsachen als imaginäre Waffe, dann stellen Sie eine Regel auf, z.B.: »Wir behandeln andere Menschen freundlich, um ihnen zu zeigen, dass sie uns nicht egal sind. Es ist gegen die Regel, mit Waffen auf sie zu zielen, auch wenn es nur ein Spiel ist, weil das ihre Gefühle verletzt.«

Denken Sie nach, bevor Sie sprechen.
Achten Sie auf Ihren Tonfall und wählen Sie Worte, die Ihr Kind getrost wiederholen kann. Wenn es z.B. eine Regel bricht, drohen

Sie nicht (auch nicht aus Spaß), ihm »den Kopf abzureißen«. Sa gen Sie lieber: »Ich finde es schade, dass du dich nicht an unsere Regel gehalten hast. Sie lautet: ›Wir behandeln einander liebevoll und verletzen niemals andere Menschen. Wir spielen das auch nicht.‹«

Demonstrieren Sie Liebenswürdigkeit.
Sie sind das wichtigste Vorbild Ihres Kindes. Wenn Sie ihm zuhören, es umarmen, sich bei ihm entschuldigen und es respektieren, wird es lernen, sich ebenfalls respektvoll und liebenswürdig zu verhalten.

Lernen Sie, Ihre Wut zu kontrollieren.
Was Kinder dazu bringt »auszuflippen«, ist genau dasselbe, was Erwachsene aus der Haut fahren lässt: die Wut, etwas nicht unter Kontrolle zu haben. Wenn Sie gelassen bleiben, obwohl die Dinge nicht so laufen wie geplant, sind Sie Ihrem Kind ein leuchtendes Vorbild.

Wie Sie das Problem lösen

Lehren Sie Mitgefühl.
Wenn Ihr Kind so tut, als würde es eine Person mit seiner Spielzeugwaffe angreifen, nutzen Sie diesen Moment, um ihm etwas beizubringen. Fragen Sie Ihr Kind, wie es sich selbst in dieser Situation als Opfer fühlen würde. Sagen Sie: »Waffen können Menschen schwer verletzen. Wie würdest du dich fühlen, wenn jemand so tut, als würde er dich erschießen? Ich möchte niemanden erschrecken oder verletzen. Ich hoffe, dass du das auch nicht willst.«

Ermutigen Sie Ihr Kind, mit anderen zusammen zu spielen.
Kinder, die Freude daran haben, kreativ zu sein, zu teilen und sich an Gruppenaktivitäten zu beteiligen, haben weniger Gelegenheit dazu, sich ihren »Kick« bei aggressiven Spielen zu holen. Loben Sie Ihr Kind, wenn es sich beim Spielen gut mit seinen Kameraden versteht, damit es weiß, dass Sie sein Verhalten gutheißen.

Verbieten Sie brutale Filme und Computerspiele.
Vorschulkinder ahmen gern alles nach, was sie sehen. Viele Kinder wurden schon Opfer der noch nicht ganz ausgereiften Kung-Fu-Künste ihrer Spielkameraden. In einer kanadischen Studie fand man heraus, dass Kinder zwei Jahre, nachdem das Fernsehen in ihrer Stadt Einzug gehalten hatte, deutlich aggressiver waren als zuvor. (10) Sowohl die starke Identifikation mit einem brutalen TV-Helden als auch der Glaube, das Geschehen auf dem Bildschirm sei real, verursachen ein aggressiveres Verhalten. (11)
Reduzieren Sie daher die Menge an Gewaltdarstellungen, die Ihr Kind zu sehen bekommt, indem Sie Regeln dafür aufstellen, welche Sendungen und Computerspiele erlaubt sind, und wie lange das Kind fernsehen oder am PC sitzen darf. Übernehmen Sie die Herrschaft über Fernbedienung und Computertastatur!

Sehen Sie mit Ihrem Kind gemeinsam fern.
Untersuchungen haben gezeigt, dass Kinder mehr im Gedächtnis behalten und mit größerer Wahrscheinlichkeit nachahmen, was sie gerade gesehen haben, wenn ein Erwachsener mit Ihnen fernsieht und die Handlung kommentiert. (12) Da das gemeinsame Fernsehen mit einem Erwachsenen offensichtlich die positive (oder negative) Wirkung des Inhalts auf Kinder intensiviert, ist es umso wichtiger, dass Sie gewaltfreie Sendungen miteinander ansehen und mit Ihrem Kind über deren Inhalt sprechen.

Lehren Sie Ihr Kind, seine Fehler wiedergutzumachen.
Wenn Ihr kleiner Wildfang im Überschwang der Gefühle z.B. versucht, seinen besten Freund mit einem Lineal zu »erschießen«, dann nehmen Sie ihm die »Waffe« weg und sagen Sie: »Waffen verletzen Menschen. Es ist unsere Regel, dass wir freundlich zueinander sind und nicht einmal so tun, als würden wir andere verletzen. Bitte entschuldige dich jetzt bei Samuel dafür, dass du auf ihn gezielt hast.« Wenn Ihr Kind auf Sie hört, sagen Sie: »Schön, dass du Samuels Freund bist und ihm zeigst, dass du ihn magst.«

Bringen Sie Ihrem Kind bei, Kompromisse zu schließen.
Lehren Sie Ihr Kind, fair zu sein, wenn ein Streit zu schlichten ist. Sehen Sie z.B., dass es seinem Freund Schläge androht, weil der ihm ein Spielzeug weggenommen hat, dann sagen Sie: »Lass uns darüber nachdenken, was du sonst noch tun könntest, wenn dein Freund dir etwas wegnimmt und du es wiederhaben willst. Du könntest den Timer holen und ihn stellen, so wie ich das immer mache. Dann kann dein Freund das Spielzeug ein paar Minuten benutzen, und danach bist du wieder dran. So habt Ihr beide Spaß.«

Was Sie nicht tun sollten

Schlagen Sie Ihr Kind nicht.
Egal, wie groß manchmal die Versuchung sein mag, ein Kind zu schlagen, damit es endlich zur Vernunft kommt – widerstehen Sie ihr! Selbst wenn Sie wütend sind und einen Riesenschreck bekommen haben, weil Ihr Kind z.B. plötzlich über die Straße gelaufen ist. Schläge sind niemals eine Lösung. Dem Kind »ein paar hinter die Löffel« zu geben, vermittelt ihm nur die verwirrende Botschaft: »Es ist okay, wenn ich dich schlage, aber du darfst niemanden schlagen.« Praktizieren Sie, was Sie predigen!

Drohen Sie nicht.
Wenn Sie Ihr Kind mit einem Holzlöffel bedrohen, weil es so tut, als würde es seine Schwester mit einem Stofftier verhauen, bringen Sie es nur dazu, Ihre Gegenwart zu fürchten. Eine Drohung ist zudem meist nur eine »leere Versprechung« und damit ein Beispiel dafür, dass Erwachsene ihr Wort sowieso nicht halten. Anstatt eine schmerzhafte Konsequenz anzukündigen, sagen Sie lieber: »Es ist sehr schade, dass du unsere Regel gebrochen und so getan hast, als wolltest du deine Schwester verletzen. Ich möchte, dass du jetzt darüber nachdenkst, wie viel Angst du hättest, wenn jemand mit einem Gegenstand nach dir schlagen würde.«

Konrad, der »Killer«

Egal, was er in die Finger bekam, der dreijährige Konrad Linde machte einen Revolver, ein Schwert oder ein Messer daraus. Dann erschoss und erstach er irgendwelche imaginären Gangster, von denen es scheinbar überall wimmelte. Konrads Mutter Diana war außer sich. Sie war überzeugt davon, dass ihr Sohn weniger brutale Spiele bevorzugen würde, wenn sie keine Spielzeugwaffen im Haus hätten. Konrads Vater Gerd lachte nur über ihre Sorgen: »Ach, Diana, so sind Jungs eben. Ich hatte als Kind auch eine Spielzeugpistole und laufe doch jetzt auch nicht herum und erschieße auf der Straße andere Leute, oder?«

»Aber er benutzt einfach alles als Waffe«, beklagte sie sich. Heute beim Mittagessen hat er sein Sandwich in Pistolenform gebissen und so getan, als würde er auf mich schießen. Es war erschreckend, dabei diesen brutalen Ausdruck in seinem Gesicht zu sehen.«

»Wenn er so etwas tut, dann solltest du ihm eine runterhauen«, antwortete Gerd. »Dann wird er schon kapieren, dass er nicht auf Menschen zielen darf, nicht einmal mit einem Spielzeug.« »Ich werde ihn nicht schlagen«, widersprach Diana. »Ich habe mit Anna gesprochen, und sie hat gesagt, dass sie ihren Sohn Josh dazu gebracht hat, darüber nachzudenken, wie sich andere Menschen fühlen, wenn eine Waffe auf sie gerichtet wird. Sie hat es auch zur Regel gemacht, dass Kung-Fu-Videos und andere brutale Fernsehsendungen zu Hause verboten sind.«

»Na gut, versuchen können wir's ja«, schlug Gerd vor. So verzichteten Konrads Eltern ab sofort auf aggressive Botschaften. Anstatt ihrem Sohn zu drohen, wenn er so tat, als würde er auf sie schießen, sagten sie: »Wir finden es schade, dass du Waffen auf andere Menschen richtest. Waffen können töten und machen den Menschen Angst. Lass uns mit deinem Lineal lieber Schule spielen.« »Es ist wirklich beeindruckend«, erzählte Diana ihrem Mann, »jedes Mal, wenn Konrad irgendwelche Gegenstände als Waffe verwendet, dann zeige ich ihm, was er stattdessen damit machen kann. Jetzt sagt er schon: ›Mami mag das nicht‹, wenn er im Fernsehen sieht, wie Menschen sich verletzen.«

Hyperaktivität

Um von Medizinern als »hyperaktiv« diagnostiziert zu werden, muss ein Kind häufig herumzappeln, vom Stuhl aufstehen, exzessiv herumrennen oder -klettern, Schwierigkeiten haben, sich still zu beschäftigen, immer auf Achse oder übertrieben gesprächig sein. Es platzt schon mit der Antwort heraus, ehe die Frage fertig gestellt worden ist, kann kaum warten, bis es an der Reihe ist, und unterbricht oder stört andere häufig. Weil ein solches Verhalten oft auch auf das »durchschnittliche« Vorschulkind zutrifft, ist es sehr schwierig, bei so einem kleinen Wirbelwind die richtige Diagnose zu stellen. Hierfür braucht man klinische Tests, aber sogar diese sind möglicherweise nicht aussagekräftig. Wenn bei Ihrem Kind vier der oben genannten Symptome täglich und über einen Zeitraum von mindestens sechs Monaten auftreten, kann Ihnen ein Spezialist dabei helfen, den Unterschied zwischen einem extrem aktiven und einem »hyperaktiven« Kind zu verstehen, und Sie dabei unterstützen, mit dem jeweiligen Verhalten richtig umzugehen.

Anmerkung: Hyperaktivität gilt als Teil einer weitreichenderen Störung, die im Allgemeinen als Aufmerksamkeits-Defizit-Syndrom (ADS) oder als Aufmerksamkeitsdefizit- und Hyperaktivitätsstörung (ADHS) bezeichnet wird und die in verschiedenen Formen auftritt. Alle Formen von AD(H)S sind schwer zu bestimmen, bevor die Kinder mit etwa sechs Jahren in die Schule kommen, wo sie erstmals für längere Zeit still und aufmerksam sein und sich Dinge einprägen müssen, die später abgefragt werden.

Wie Sie dem Problem vorbeugen

Schlagen Sie ruhige Beschäftigungen vor.

Wenn Ihr Kind immer rennt, statt zu gehen, und schreit, statt zu reden, dann schlagen Sie ihm ruhige Aktivitäten vor, um sein halsbrecherisches Tempo zu verlangsamen. Spielen Sie ein leises Spiel, lesen Sie ihm etwas vor oder gehen Sie eine Zeit lang auf Zehenspitzen und flüstern Sie, damit das Kind merkt, dass Ruhe und Langsamkeit eine ganz erfrischende Abwechslung darstellen.

Achten Sie auf Ihr eigenes Aktivitätsniveau.
Untersuchungen haben gezeigt, dass, wenn bei einem Elternteil Hyperaktivität diagnostiziert wird, mit großer Wahrscheinlichkeit die gleiche Diagnose bei seinem Kind gestellt wird. Betrachten Sie Ihr eigenes Leben: Setzen Sie sich jemals ruhig hin? Sprechen Sie schnell? Sind Sie immer in Eile? Wenn diese »Hyperaktivität« Ihrem Erfolg und Glück nicht im Weg steht, hat Ihr Kind wohl einfach Ihr Temperament geerbt. Da kleine Kinder so großartige Imitatoren sind, sollten Sie Ihr Aktivitätsniveau bisweilen etwas herunterschrauben, um so Ihrem Sprössling zu zeigen, wie man den Moment genießt.

Meiden Sie »hyperaktive« Fernsehsendungen.
Wenn Ihr Kind schon immer in Bewegung ist, sollte das sein Unterhaltungsprogramm nicht auch noch sein. Hektische und aggressive Filme oder Shows demonstrieren ein Verhalten, das Ihr Kind nicht unbedingt verinnerlichen sollte. Machen Sie den Fernseher aus, um wenigstens eine Lärm- und Aktivitäts-Quelle weniger im Haus zu haben. Hören Sie stattdessen lieber ruhige, entspannende Musik und bevorzugen Sie beim Fernsehen leisere Töne.

Wie Sie das Problem lösen

Üben Sie Langsamkeit.
Geben Sie Ihrem Kind die Gelegenheit, zu üben, von A nach B zu gehen – und nicht zu rennen. Sagen Sie: »Zeig mir mal, wie man von der Küche ins Wohnzimmer geht. Ich weiß, dass du das kannst. Wenn du gehst, statt zu rennen, ist das auch sicherer für dich.« Erhöhen Sie allmählich die Anzahl der »Gänge« auf maximal zehn pro Übungseinheit.

Bieten Sie Ihrem Kind viele verschiedene Aktivitäten an.
Kinder, die »Hummeln im Hintern« haben, sausen von einer Beschäftigung zur nächsten und haben Schwierigkeiten, bei einer Sache zu bleiben. Stellen Sie Ihrem aktiven Kind eine ganze Reihe von Möglichkeiten zur Wahl, indem Sie sagen: »Du kannst an deinem Schreibtisch malen, in der Küche mit Knetmasse basteln oder mit deinen Bauklötzen spielen. Ich stelle den Timer, und du kannst eine Sache tun, bis er klingelt. Dann kannst du dir etwas anderes aussuchen, wenn du möchtest.« Wenn Sie ihm mehrere Optionen anbieten, kann Ihr Kind seinen Drang nach Beschäftigung befriedigen, ohne Sie dabei in den Wahnsinn zu treiben.

Verschaffen Sie Ihrem Kind Bewegung.
Ihr energiegeladener Zappelphilipp braucht ein schöpferisches Ventil, um das Bedürfnis nach Bewegung zu stillen. Lassen Sie ihn so oft wie möglich draußen herumtoben und achten Sie darauf, dass auch die Betreuer im Kindergarten für genügend körperliche Betätigung sorgen. Kleine Kinder sollten sich ungeniert austoben dürfen, ohne gleich in ein straff organisiertes, wettbewerbsorientiertes Umfeld wie einen Sportverein gepfercht zu werden.

Bringen Sie Ihrem Kind bei, sich zu entspannen.
Wenn Ihr Kind lernt, seinen Körper zu entspannen, verlangsamt sich seine Motorik, und es wird ruhiger. Helfen Sie ihm dabei, sich nicht unter Druck zu setzen, noch mehr noch schneller machen zu müssen, indem Sie Ihre Stimme sanft und beruhigend klingen lassen, seinen Rücken reiben und ihm sagen, wie schön ruhig und entspannt sein Körper sich anfühlt.

Holen Sie sich Hilfe.
Wenn die (Hyper-)Aktivität Ihres Kindes seine Gesundheit gefährdet, andere Menschen befremdet und es beim Lernen beeinträchtigt, sollten Sie einen Spezialisten aufsuchen, um der Ursache der überdurchschnittlichen Aktivität auf den Grund zu gehen.

Was Sie nicht tun sollten

Bestrafen Sie Ihr Kind nicht.
Wenn Ihr (hyper)aktives Kind versehentlich mit Ihrer wertvollsten Vase zusammenstößt, dann atmen Sie tief durch und sagen Sie: »Ich bedaure, dass du gerannt bist, anstatt zu gehen. Jetzt musst du üben, langsam durchs Haus zu gehen, damit ich weiß, dass du das kannst. Danach räumen wir die Scherben weg.« Auf diese Art erreichen Sie Ihre wichtigsten Ziele: Ihrem Kind beizubringen, zu gehen, Ihr Eigentum zu respektieren und verantwortlich zu handeln.

Fesseln Sie Ihr Kind nicht ans Haus.
Ihr Wirbelwind braucht die Möglichkeit, im Freien zu spielen. Seinen Aktionsradius auf das Haus oder gar sein Zimmer zu beschränken, kann zwei Probleme verursachen: 1. Die (Hyper-)Aktivität nimmt »explosive« Ausmaße an, 2. Das Kind lernt, im Haus überaktiv zu sein, statt draußen.

Verlassen Sie sich nicht (nur) auf Medikamente.
Wenn Sie ausschließlich auf Medikamente setzen, lehrt das Ihr Kind keine Selbstkontrolle. Lassen Sie einen Spezialisten für »hyperaktive« Kinder eine gründliche Einschätzung vornehmen, ehe Sie entscheiden, welche Verhaltensmaßnahmen und Medikamente für das Wohlbefinden Ihres Kindes nötig sind.

Erik, der Zappelphilipp
Als Judith und Rolf Alberts zur Elternsprechstunde in die Vorschule gingen, waren sie wenig überrascht, als Frau Siebert ihnen sagte, dass ihr fünfjähriger Sohn ausgesprochen aktiv sei. »Er hat mich schon während der Schwangerschaft immer auf Trab gehalten, so lebhaft und ruhelos war er«, erzählte Judith. »Wenn Rolf auf Geschäftsreise ist, lasse ich Erik bei mir im Bett schlafen, und es ist genau dasselbe. Ich bekomme kaum Schlaf, weil er so unruhig ist. Er geht nie; er rennt – genau wie sein Vater.« Judith legte ihre Hand auf Rolfs Knie, das ständig in Bewegung war, seit er saß.

»Ja, ich war ein Zappelphilipp« grinste Rolf. »Meine Mutter musste mir während der Schulzeit oft aus der Klemme helfen. Ich hatte dauernd Ärger, weil ich nicht still saß oder Blödsinn machte. Ich musste Tabletten zur Beruhigung nehmen. Glauben Sie, dass Erik Medikamente braucht?«

»Es ist noch kein so großes Problem im Unterricht. Ich glaube nicht, dass Medikamente nötig sind. Aber es wäre gut, Erik weiter zu beobachten«, sagte Frau Siebert. »Wenn er nächstes Jahr eingeschult wird, sollten Sie eng mit seinem Lehrer zusammenarbeiten, um zu sehen, ob etwas unternommen werden muss. Einstweilen gebe ich Ihnen eine Liste mit Vorschlägen, wie Sie ihn ein wenig beruhigen können, und Adressen, wo Sie professionellen Rat bekommen. Wir glauben, dass die Kinder erst gründlich untersucht werden sollten, ehe irgendwelche Medikamente ins Spiel kommen.«

Die Sieberts begannen anhand der Liste, mit Erik zu arbeiten. Mehrmals am Tag gab es eine stille Zeit, während der sie Geschichten lasen oder sich entspannten. Zuerst konnte Erik nicht länger als 50 oder 60 Sekunden still sitzen, aber schließlich schaffte er es ganze zehn Minuten lang. Sie verzichteten auch auf Eriks Lieblingssendung über Wrestling, die er gern imitierte. Und die Eltern stellten eine neue Regel auf: »Im Haus musst du langsam gehen. Gerannt wird nur draußen.« Zur Übung ließen sie Erik langsam durchs ganze Haus gehen. Das war etwas völlig Neues für ihn.

»Aber was ist, wenn ich es eilig habe? Warum darf ich nicht rennen, wann ich will?«, jammerte Erik. »Weil es gegen die Regel ist, im Haus zu rennen«, antwortete sie. »Gerannt wird draußen, wo du viel Platz hast und nicht gegen die Möbel stößt.«

Judith machte jetzt vor dem Zubettgehen auch einfache Entspannungsübungen mit ihrem Sohn. Sie rieb seinen Rücken, während sie leise sagte: »Du bist ganz ruhig und entspannt. Deine Beine sind ganz schwer und entspannt. Deine Beine, dein Bauch, dein Rücken, deine Arme und Hände, alles fühlt sich entspannt und ganz warm an. Dein Geist ist ruhig, und du fühlst dich wohl. So, Erik, mein Schatz, jetzt schlafe ganz ruhig und entspannt und hab schöne Träume!«

Nach und nach wurde Erik ruhiger und etwas weniger zappelig. Es war nicht immer leicht für ihn, seinen Körper still zu halten, aber er arbeitete mit seinen Eltern und seiner Lehrerin daran.

Klammern

Das Bild eines Kleinkindes, das sich an den Rock der Mutter klammert, als hinge sein Leben davon ab, während sie versucht, zu kochen oder das Haus zu verlassen, ist für viele ein realer und emotional belastender Bestandteil des täglichen Lebens. Auch wenn es schwer fällt: Widerstehen Sie der Versuchung, sich ständig um die kleine Klette zu kümmern, während Sie Ihren täglichen Pflichten nachgehen. Küssen und umarmen Sie Ihr Kind oft während neutraler Zeiten, um zu vermeiden, dass es sich ignoriert fühlt und glaubt, ständig an Ihnen hängen zu müssen, um Ihre Aufmerksamkeit zu bekommen. Am Rockzipfel zu hängen signalisiert ein dringendes Verlangen nach Zuwendung.

Wie Sie dem Problem vorbeugen

Üben Sie den Umgang mit einem Babysitter.
Um Ihr Kind schon früh daran zu gewöhnen, dass Sie nicht immer da sein können, üben Sie, es manchmal für ein paar Stunden allein zu lassen. Erklären Sie Ihrem Kind, was Sie für es geplant haben und wo Sie selbst sein werden, damit es sich keine Sorgen macht. Sagen Sie z.B.: »Lara macht dir dein Abendessen, liest dir eine Geschichte vor und bringt dich dann ins Bett. Papa und ich gehen ins Restaurant, und wir werden um elf Uhr abends wieder zurück sein.«
Besondere Vergnügungen helfen Ihrem Kind dabei, sich auf den Babysitter zu freuen, statt sich wegen Ihrer Abwesenheit aufzuregen. Legen Sie deshalb ganz bestimmte Videos, Spiele, Bilderbücher, Malstifte usw. auf die Seite, die nur dann aus dem Schrank geholt werden, wenn der Babysitter kommt.

Spielen Sie »Kuckuck«.
Dieses einfache Spiel gewöhnt Ihr Kind daran, dass Dinge (und auch Sie) verschwinden und – noch wichtiger – wieder auftauchen.

Bereiten Sie Ihr Kind auf die Trennung vor.
Sagen Sie Ihrem Kind, dass Sie weggehen werden, und überzeugen Sie es davon, dass es auch ohne Sie zurechtkommen wird. Sagen sie z.B.: »Du bist schon so ein großer Junge. Ich bin mir sicher, dass es dir gut gehen wird, während ich weg bin.« Wenn Sie Ihr Kind ohne Vorwarnung allein lassen, wird es sich immer Sorgen machen, wann Sie wohl das nächste Mal plötzlich verschwinden.

Wie Sie das Problem lösen

Seien Sie auf Geschrei vorbereitet.
Denken Sie daran, dass das Gebrüll ein Ende haben wird, sobald Ihr Kind die wertvolle Lektion gelernt hat, dass es für kurze Zeit auch ohne Sie überleben kann.

Loben Sie Ihr Kind, wenn es allein spielt.
Machen Sie Ihr Kind stolz auf seine Fähigkeit, sich ganz allein zu beschäftigen. Sagen Sie z.B.: »Ich bin sehr stolz auf dich, dass du ganz allein spielst, während ich in der Küche den Ofen sauber mache.« Das stärkt Selbstvertrauen und Unabhängigkeit Ihres Kindes noch mehr, wovon Sie beide profitieren.

Benutzen Sie den Quengel-Stuhl.
Lassen Sie Ihr Kind wissen, dass es in Ordnung ist, wenn es nicht will, dass Sie beschäftigt sind oder kurz weggehen müssen. Machen Sie ihm jedoch auch klar, dass sein Gequengel andere stört. Sagen Sie: »Es tut mir Leid, dass es dir nicht gefällt, dass ich jetzt Essen kochen muss. Setz dich auf den Quengel-Stuhl, bis du wieder spielen kannst, ohne zu weinen.« (Siehe dazu »Quengeln«, Seite 87.)

Erklären Sie, dass jeder Zeit für sich allein braucht.
Kinder und Eltern brauchen Pausen vom ständigen Beisammensein. Also behalten Sie Ihren normalen Tagesablauf bei, auch wenn Ihr

Kind etwas dagegen hat, dass Sie außer zu spielen noch andere Dinge tun, oder wenn es partout nicht beim Babysitter bleiben will.

Gewöhnen Sie Ihr Kind langsam an Trennungen.
Wenn Ihr Kind ab dem Alter von einem Jahr noch zu viel Ihrer Zeit beansprucht, benutzen Sie den Timer. Geben Sie ihm fünf Minuten mit Ihnen und dann fünf Minuten, in denen es allein spielen soll. Verlängern Sie nach und nach die Zeitspanne für das selbstständige Spiel, bis das Kind sich etwa eine Stunde lang problemlos ohne Sie beschäftigen kann.

Was Sie nicht tun sollten

Bestrafen Sie Ihr Kind nicht für sein Verhalten.
Befolgen Sie stattdessen die oben genannten Schritte, um es an Trennungen zu gewöhnen.

Senden Sie keine Doppelbotschaften aus.
Sagen Sie Ihrem Kind nicht, dass es weggehen soll, während Sie es gleichzeitig festhalten oder tätscheln. Das macht das Kind unsicher, ob es bleiben oder gehen soll.

Lassen Sie Krankheiten nicht zur willkommenen Gelegenheit werden, besondere Aufmerksamkeit zu bekommen.
Machen Sie das Kranksein nicht angenehmer als das Gesundsein, indem Sie Ihr krankes Kind Dinge tun lassen, die sonst verboten sind. Gehen Sie mit der Krankheit möglichst sachlich um und lassen Sie nur wenige Abweichungen vom normalen Tagesablauf zu.

»Lasst mich nicht allein!«
Natalie und Robert Graf waren leidenschaftliche Partygänger. Doch ihr vierjähriger Sohn Tim klammerte sich jedes Mal angstvoll an sie, wenn der Babysitter vor der Tür stand. Die Eltern nahmen seine Gefühle nicht ernst.

»Also wirklich, Tim, Schatz, sei doch kein Baby! Wir lieben dich. Und wir gehen doch jeden Samstag aus.«

Aber Tim tröstete das nicht. Er schrie: »Geht nicht weg! Nehmt mich mit!« und klammerte sich weiter an sie. Die Grafs verstanden nicht, was sie falsch machten. Sie fragten sich: »Will er uns tyrannisieren, indem er uns vor dem Babysitter in Verlegenheit bringt und unsere Abendgarderobe mit seinen klebrigen Fingern ruiniert?«

Die Grafs erzählten schließlich Freunden, den Gärtners, von ihrer Enttäuschung. Diese versuchten, ihnen Mut zu machen, indem sie erklärten, dass Tim sich so an sie klammerte, weil er sie liebte, und nicht, weil er sie drangsalieren wollte. Die Gärtners erzählten auch, wie sie ihrer eigenen Tochter geholfen hatten, sich an ihre Abwesenheit zu gewöhnen.

Am nächsten Samstagabend probierten die Grafs die Strategie der Gärtners aus. Sie bereiteten Tim rechtzeitig auf ihre bevorstehende Abfahrt vor, indem sie sagten: »Du bist schon so ein großer Junge. Du wirst viel Spaß beim Spielen mit Sandra haben, während wir im Kino sind. Wenn wir zurückkommen, schläfst du schon, aber wenn du morgen früh aufwachst, sind wir da. Sandra macht dir Popcorn mit unserer neuen Maschine, sie liest dir eine Geschichte vor, und dann gehst du ins Bett. Viel Spaß!« Sie beließen es bei einem kurzen Abschied ohne tränenreiche Umarmungen, und als sie gingen, fiel Tims Geschrei schon etwas milder aus.

Nach diesem offensichtlichen Erfolg begannen sie, Tim zu loben, wenn er brav zuhörte, während sie ihm erklärten, wohin sie gingen, was sie vorhatten und wie lange sie weg sein würden. Immer, wenn der Babysitter Gutes zu berichten hatte, sagten sie Tim, wie stolz sie darauf waren, dass er während ihrer Abwesenheit so schön gespielt hatte, und umarmten ihren Sohn.

Die Grafs wussten, dass es einige Wochen dauern konnte, bis sie das Haus ohne Tims Aufbegehren würden verlassen können. In der Zwischenzeit hörten sie auf, Tim für sein »albernes« Verhalten zu tadeln, und reduzierten sein Geschrei, indem sie es ignorierten.

Lügen

Kleinkinder leben in ihrer eigenen, aufregenden Welt, wo sich Realität und Phantasie ständig mischen. Sie geben beim Spielen vor, jemand oder etwas anderes zu sein, lieben Zeichentrickfilme, böse Hexen, und Verkleidungen aller Art. Ihre Erzählungen enthüllen oft verborgene Ängste. »Mama! Da ist ein Monster in meinem Zimmer!« So möchte Ihnen Ihr Kind vielleicht zu verstehen geben, dass es sich im Dunkeln fürchtet. Man kann Vorschulkinder von fast allem überzeugen. Sie müssen nur daran glauben wollen, und schon wird die dickste Lüge zur unerschütterlichen Wahrheit.

Das Erzählen von Lügen stellt einen weiteren Schritt auf dem Weg zur Unabhängigkeit dar, wenn die kleinen Grünschnäbel ihre Flügel ausbreiten, um der elterlichen Kontrolle zu entkommen. Doch wie sollen sich die Eltern verhalten? Es ist Ihre Aufgabe, die Funktion der Lüge zu durchschauen und Ihrem Kind die Vorteile der Wahrheitsliebe schmackhaft zu machen.

Wie Sie dem Problem vorbeugen

Ermutigen Sie Ihr Kind zur Ehrlichkeit.
Loben Sie das Kind, wenn es Ihnen die Wahrheit sagt, egal, ob etwas Gutes oder etwas weniger Erfreuliches passiert ist. Das hilft unter Sechsjährigen, den Wert der Wahrheit zu verinnerlichen.

Seien Sie selbst ehrlich.
Wenn Ihr Kind Sie vor dem Essen um einen Keks bittet, dann sind Sie vielleicht versucht, zu sagen: »Wir haben keine Kekse mehr«, statt ihm die Wahrheit zu sagen, nämlich: »Ich möchte nicht, dass du vor dem Abendessen Süßigkeiten isst.« Indem Sie das Kind anlügen, bringen Sie ihm bei, dass es okay ist, wenn man schwindelt, um sich einer unangenehmen Situation zu entziehen. Da es weiß, wo die Kekse sind, ist diese Strategie ohnehin nicht hilfreich.

Erkennen Sie die Funktion der Lüge.
Gelogen wird aus verschiedenen Gründen. Sehr beliebt ist das Lügen, um Ärger zu vermeiden: »Ich war's nicht! Das hat Silke gemacht!« Es wird auch immer wieder gern gelogen, um sich vor einer ungeliebten Aufgabe zu drücken. Ihr Kind sagt z.B.: »Natürlich habe ich mir schon die Zähne geputzt«, obwohl das nicht stimmt. Und dann gibt es natürlich noch die Lüge, die dazu dient, andere zu beeindrucken, z.B.: »Ich habe drei eigene Ponys, ätsch!«

Seien Sie mitfühlend.
Durchschauen Sie, warum Ihr Kind lügt, und reagieren Sie entsprechend. Wenn es z.B. behauptet, es habe die Wände seines Zimmers nicht mit Kreide beschmiert, obwohl das ganz offensichtlich ist, sagen Sie: »Ich verstehe ja, dass du nicht bestraft werden willst, aber ich bin sehr enttäuscht darüber, dass du mich anlügst. Du kannst mir immer die Wahrheit sagen, und wir werden das Problem dann gemeinsam lösen.« Es wird Ihrem Kind leichter fallen, die Wahrheit zu sagen, wenn es weiß, dass Sie Rücksicht auf seine Gefühle nehmen.

Finden Sie Vorbilder.
Achten Sie auf Personen und Situationen, die Ehrlichkeit und Wahrheitsliebe vorbildlich demonstrieren. Machen Sie Ihr Kind darauf aufmerksam, um die Botschaft zu bekräftigen, dass Ehrlichkeit im Leben wichtig ist.

Wie Sie das Problem lösen

Zeigen Sie Ihrem Kind, dass es Sie verletzt, wenn es lügt.
Wenn Ihr Kind sich in Lügen verstrickt, dann erklären Sie ihm, wie verletzend das für Sie ist: »Ich finde es schade, dass du mir nicht die Wahrheit gesagt hast. Es macht mich traurig, dass ich dir nicht vertrauen kann. Lass uns daran arbeiten, ehrlich zu sein, damit ich dir in Zukunft glauben kann, was du mir erzählst.«

Erläutern Sie Lüge und Wahrheit.
Vorschulkinder wissen nicht immer, dass sie lügen, weil ihnen das, was sie sagen, ganz real erscheint. Helfen Sie Ihrem Kind, den Unterschied zwischen Phantasie und Realität zu verstehen, indem Sie sagen: »Ich weiß, dass du möchtest, dass dein Freund dich mag. Aber wenn du ihm erzählst, dass du 101 Dalmatiner zu Hause hast, dann ist das nicht ehrlich. Die Wahrheit ist, dass du gern so viele Hunde hättest, aber du hast nur einen Hund namens Molly. Sie ist ein wirklich toller Hund, ich weiß, dass du sie sehr lieb hast.«

Helfen Sie Ihrem Kind, Verantwortung zu übernehmen.
Wenn Sie Ihrem Sohn eine Aufgabe stellen, z.B. sein Zimmer aufzuräumen, dann sagt er vielleicht, um sich davor zu drücken, dass er damit schon fertig sei. Sagen Sie: »Ich freue mich, dass du getan hast, worum ich dich gebeten habe. Ich gehe mir mal anschauen, wie schön du das gemacht hast.« Wenn Ihr Sohn dann sagt: »Ach nein, Mama, noch nicht!«, können Sie ziemlich sicher sein, dass er seiner Verantwortung nicht nachgekommen ist. Wenn Sie herausfinden, dass er gelogen hat, sagen Sie: »Ich finde es schade, dass du mich belogen hast. Ich weiß, dass du keine Lust hattest aufzuräumen und dass du mich nicht enttäuschen wolltest. Es ist aber wichtig, dass du tust, was ich sage, und dass du ehrlich bist. Lass uns die Sache aus der Welt schaffen. Ich sehe dir beim Aufräumen zu.«

Spielen Sie »Märchenstunde«.
Um Ihrem Kind dabei zu helfen, den Unterschied zwischen Phantasie und Wirklichkeit zu verstehen, reservieren Sie eine Zeit, in der es Geschichten frei erfinden darf. Stellen Sie dieser »Märchenstunde« dann eine Zeit der Wahrheit gegenüber, in der das Kind sagen soll, was wirklich geschehen ist. Erzählt Ihr Sprössling dann etwas, wovon Sie wissen, dass es nicht stimmt, sagen Sie: »Das ist eine sehr interessante erfundene Geschichte, die du mir da gerade erzählt hast. Jetzt erzähl mir aber mal eine wahre Geschichte darüber, was wirklich passiert ist.«

Was Sie nicht tun sollten

Testen Sie die Ehrlichkeit Ihres Kindes nicht.
Wenn Sie wissen, dass Ihr Kind etwas falsch gemacht hat, dann stellen Sie ihm keine Fragen, auf die Sie die Antwort schon kennen. Das bringt Ihr Kind in ein Dilemma: die Wahrheit sagen und vielleicht bestraft werden oder lügen und vielleicht damit durchkommen. Stellen Sie es nicht vor diese Wahl.

Bestrafen Sie Ihr Kind nicht.
Wenn Sie Ihr Kind dabei erwischen, dass es lügt, um Ärger zu vermeiden, dann bestrafen Sie es nicht dafür. Zeigen Sie ihm lieber, wie es die Verantwortung für seinen Fehler übernehmen und das Problem aus der Welt schaffen kann. Sagen Sie z.B.: »Ich finde es schade, dass du die Wand bemalt hast. Jetzt müssen wir schauen, dass wir sie wieder sauber bekommen. Lass uns gleich damit anfangen. Du holst die Papiertücher und ich den Reiniger. Siehst du? Wenn du mir die Wahrheit sagst, können wir das Problem lösen.«

Vermeiden Sie es, überzureagieren.
Auch wenn Sie schon hundert Mal gesagt haben, dass Sie Lügner nicht ausstehen können, hat es wenig Sinn, völlig auszurasten, wenn Ihr Kind schwindelt. Sie zwingen es so nur dazu, weiterhin der Wahrheit aus dem Weg zu gehen, um Sie nicht wütend zu machen.

Nennen Sie Ihr Kind nicht »Lügner«.
Machen Sie das Lügen nicht zur »sich selbst erfüllenden Prophezeiung«. Ein Kind, das »Lügner« genannt wird, glaubt schnell selbst daran, einer zu sein. Ihr Kind ist aber nicht das, was es tut.

Nehmen Sie die Schwindeleien nicht persönlich.
Ihr Sohn erzählt die übertriebene Version einer Geschichte sicher nicht, um Sie in den Wahnsinn zu treiben. Er glaubt vielleicht wirklich, dass die Schlange seines Freundes aus ihrem Käfig ausgebro-

chen ist, einfach weil er Angst vor ihr hat. Hören Sie sich die Erzählung an und sagen Sie: »Das ist aber eine interessante Geschichte! Ich bin sicher, dass es wirklich furchterregend wäre, wenn eine Schlange frei im Haus herumkriechen würde. Möchtest du, dass ich Chris' Mutter mal frage, ob die Schlange noch an ihrem Platz ist?«

»Lüg mich nicht an!«

Auch wenn Kai Bruckner gerade erst seinen vierten Geburtstag gefeiert hatte, war er für seine Eltern schon ein »Lügner«. Er kam aus dem Kindergarten und erzählte seiner Mutter Julia die haarsträubendsten Geschichten über Gangster, die im Kindergarten Geiseln genommen hatten oder darüber, dass seiner Kindergärtnerin gekündigt worden war. Er dachte sich jeden Tag etwas Neues aus, und Julia machte sich Sorgen, dass Kai den Unterschied zwischen Dichtung und Wahrheit nicht kannte.

Sein Vater Rainer war Kais Geschichten auch schon überdrüssig. Er verhängte regelmäßig Auszeiten, um Kai die Lügerei auszutreiben, doch je öfter er das tat, desto öfter log Kai. Er log sogar, um sich vor der Auszeit zu drücken. Julia und Rainer wurde klar, dass sie einen Weg finden mussten, ihren Sohn zu lehren, die Wahrheit zu sagen.

»Erzähl mir, wie es heute im Kindergarten war«, sagte Julia, als Kai am nächsten Tag zu ihr ins Auto stieg. »Heute war es echt toll, weil eine berühmte Fußballmannschaft da war und mit uns trainiert hat. Aber Fabian hat sich verletzt …«, setzte Kai an, aber Julia unterbrach ihn. »Wow!«, rief sie. »Das hört sich ja aufregend an. Ist das heute wirklich passiert, oder hast du dir gewünscht, dass so etwas passiert?« Kai antwortete: »Also, ich wollte, dass das passiert. Dann wäre alles viel spannender gewesen.«

»Kai, deine Geschichte war wirklich interessant, aber ich möchte die Wahrheit wissen. Du musst nichts erfinden, damit ich denke, dass du einen aufregenden Tag im Kindergarten hattest. Du kannst mir erzählen, was ihr gespielt habt, wer dein Tischnachbar beim Essen war und alles Mögliche sonst. Ich möchte das alles wissen. Ich habe eine Idee: Du erfindest gern Geschichten, also gibt es ab sofort die Märchenstunde, eine Zeit zum Geschichten-Erfinden, und dann gibt es eine Zeit für die Wahrheit, während der du mir erzählst, was wirklich passiert ist.«

Kai sagte schon bald: »Märchenstunde, Mama.« Dann legte er mit einer phantastischen Geschichte los, und beide lachten. Julia schwärmte, wie sehr ihr die Märchenstunde gefiel. »Jetzt ist es Zeit für die Wahrheit, Kai«, sagte sie dann, und er berichtete über die profaneren Ereignisse des Tages. Julia sagte Kai auch, wie sehr ihr seine wahren Geschichten gefielen. Rainer und Julia schlugen zwei Fliegen mit einer Klappe: Sie brachten Kai bei, wie wichtig ihnen die Wahrheit war, aber auch, dass sie auch seine sprühende Phantasie schätzten – solange er sie ihnen nicht als Wahrheit verkaufte.

Nächtliches Aufstehen

Kinder unter sechs Jahren sind berühmt-berüchtigt dafür, spätabends noch mit Sonderwünschen nach Geschichten, Küsschen oder einem Glas Milch anzukommen oder einfach ins elterliche Bett zu krabbeln. Vergessen Sie nicht, dass Ihr Kind seinen Schlaf dringend braucht. Es möchte die Bilderbücher und den Saft wahrscheinlich sowieso nur, damit Sie in seiner Nähe bleiben. Also bringen Sie ihm bei, dass Sie schneller wieder an seinem Bettchen stehen, wenn es rasch einschläft, als wenn es ständig um Ihre Aufmerksamkeit buhlt.

Wenn Sie unsicher sind, ob Ihr Kind wirklich etwas braucht oder bloß Ihre Aufmerksamkeit will (falls es noch nicht spricht oder nur schreit, statt Sie um etwas zu bitten), dann sehen Sie nach ihm. Ist gesundheitlich alles in Ordnung, küssen und umarmen Sie es kurz und verlassen Sie den Raum. Erklären Sie liebevoll, aber bestimmt, dass jetzt Schlafenszeit ist und nicht mehr gespielt oder geknuddelt wird.

Wie Sie dem Problem vorbeugen

Besprechen Sie die Regeln fürs Zubettgehen tagsüber. Legen Sie fest, wie oft Ihr Kind zur Schlafenszeit noch etwas trinken oder auf die Toilette gehen darf. Teilen Sie ihm diese Regeln zu einer neutralen Zeit mit, damit es weiß, was Sie später von ihm erwarten. Sagen Sie: »Du darfst ein Bilderbuch mit ins Bett nehmen und ein Glas trinken, und ich erzähle dir eine Geschichte, bevor du schlafen gehst.« Wenn Ihr Kind gern zu Ihnen ins Bett kommt, überlegen Sie rechtzeitig, ob Ihre Regeln das gestatten.

Stellen Sie Belohnungen in Aussicht.
Versprechen Sie Belohnungen, wenn die Regeln befolgt werden. Machen Sie Ihrem Kind klar, dass es dafür belohnt wird, die Regeln einzuhalten, und nicht dafür, sie zu brechen. Sagen Sie (falls das Ihre Regel ist): »Wenn du die ganze Nacht brav im Bett bleibst, lesen wir morgen früh deine Lieblingsgeschichte.« Eine Belohnung könnte auch ein Ausflug in den Park oder alles andere sein, wovon Sie wissen, dass es Ihrem Kind besondere Freude macht.

Wie Sie das Problem lösen

Machen Sie die angekündigten Konsequenzen auch wahr.
Machen Sie Ihrem Kind deutlich, dass es sich nicht lohnt, die Regeln zu brechen. Wenn es Sie z. B. mehr als zweimal um etwas zu trinken bittet, gehen Sie zu seinem Bett, und sagen Sie: »Ich finde es schade, dass du aufgestanden bist und die Zwei-Becher-Regel gebrochen hast. Jetzt müssen wir deine Tür zumachen, wie abgesprochen« – falls es das ist, was Sie angekündigt haben, wenn das Kind mehr als zwei Getränke verlangt.

Stehen Sie zu Ihren Regeln.
Wiederholen Sie die Regel jedes Mal, wenn Ihr Kind sie bricht, um ihm zu zeigen, dass Sie es ernst meinen. Wenn Sie Ihr Kind z.B. wieder in sein eigenes Bett bringen, nachdem es in Ihres geklettert ist, sagen Sie: »Es ist nicht in Ordnung, dass du zu uns ins Bett gekommen bist. Erinnere dich an die Regel: Jeder schläft in seinem eigenen Bett. Ich liebe dich. Schlaf schön.«

Was Sie nicht tun sollten

Versäumen Sie nicht, die Regeln durchzusetzen.
Haben Sie die Regeln einmal aufgestellt, ändern Sie sie nicht, es sei denn, Sie besprechen dies mit Ihrem Kind. Wann immer Sie versäumen, eine Regel konsequent durchzusetzen, ermutigen Sie Ihren Sprössling, weiterhin zu versuchen, seinen Willen durchzusetzen.

Lassen Sie sich nicht von Geschrei erweichen.
Wenn Ihr Kind schreit, weil Sie auf der Einhaltung einer Regel fürs Zubettgehen bestehen, denken Sie daran, dass es auch eine wichtige Lektion in Sachen Gesundheit lernen muss: Die Nacht ist zum Schlafen da. Achten Sie darauf, wie lang Ihr Kind schreit, und registrieren Sie die Fortschritte, die es beim Einschlafen macht. Wenn Sie nicht auf das Geschrei reagieren, sollte das Kind nach und nach weniger lang weinen und schließlich ganz aufhören.

Machen Sie dem Kind keine Angst.
Drohungen wie: »Wenn du wieder aufstehst, dann frisst dich das Krokodil« machen das Problem nur schlimmer. Wenn Sie nicht wahr (gemacht) werden, sind Drohungen nur Schall und Rauch. Ihr Kind bleibt vielleicht aus Angst im Bett, aber die Angst kann sich steigern, bis es sich immer mehr fürchtet.

Sprechen Sie nicht aus der Entfernung mit Ihrem Kind.
Regeln und Drohungen aus einem anderen Raum herüberzuschreien, zeigt Ihrem Kind nur, wie man brüllt, und dass es Ihnen nicht wichtig genug ist, um sich von Angesicht zu Angesicht mit ihm zu unterhalten.

Jennifers Nachtwanderungen
Die zweieinhalbjährige Jennifer Lang hatte immer durchgeschlafen, seit sie sechs Monate alt war. Seit etwa einem Monat schlief sie jedoch nur ein paar Stunden, ehe sie ihre Eltern mit lautem »Mama! Papa!«-Geschrei weckte.

Zuerst eilten Jennifers Eltern sofort zu ihr, um zu sehen, was mit ihrer Tochter nicht stimmte. Aber sie verlangte lediglich ein Glas Wasser, wollte nur noch ein bisschen mit ihnen kuscheln.

Nachdem ihre Nachtruhe mehrere Wochen lang gestört worden war, beschlossen Jennifers erschöpfte Eltern, den nächtlichen Sonderwünschen ein Ende zu machen. »Wenn du nicht im Bett bleibst, wirst du bestraft, kleines Fräulein«, sagten sie. Dann gingen sie zurück ins Bett, nur um ihre Tochter gleich wieder die Treppe herunter und zu ihrem Zimmer tapsen zu hören. Sie versuchten es mit einem festen Klaps auf den Po und drohten: »Geh jetzt ins Bett, sonst ... !« Aber das härtere Durchgreifen brachte keine Verbesserung der Situation.

Die Langs sagten sich, dass das Aufwachen mitten in der Nacht ganz natürlich sei; jeder schlief schließlich mal besser und mal schlechter. Sie wussten aber auch, dass ihre Tochter versuchen konnte, wieder einzuschlafen, statt immer gleich nach ihnen zu rufen. Auch waren sie sicher, dass sie zwischen echter Not (lautes, ununterbrochenes Schreien) und dem Geschrei, das nur dazu diente, ihre Aufmerksamkeit zu erregen (kurze Schrei-Salven), unterscheiden konnten.

Um das Problem zu lösen, boten sie Jennifer mehr Aufmerksamkeit dafür an, im Bett zu bleiben. »Wenn du im Bett bleibst, ohne nach uns zu rufen«, erklärten sie am nächsten Abend, »bekommst du eine tolle Überraschung zum Frühstück. Wenn du uns mitten in der Nacht weckst, machen wir deine Tür zu, du musst im Bett bleiben, und es gibt keine Überraschung«

In dieser Nacht schrie Jennifer nach ihrer Mutter: »Ich will was trinken!« Aber ihre Mutter hielt sich an ihr Versprechen; sie sagte: »Schade, dass du nicht einfach weitergeschlafen hast, Jennifer. Jetzt müssen wir die Tür zumachen. Gute Nacht.«

Nach drei Nächten mit geschlossenen Türen und wenig Schlaf für alle Langs begriff Jennifer, dass sie ihre Eltern durch Schreien nicht an ihr Bett holen konnte, dass sie aber morgens mit angenehmen Überraschungen rechnen konnte, wenn sie die ganze Nacht ruhig liegen blieb und schlief. Die Langs konnten endlich wieder ungestört schlafen, und Jennifer fühlte sich ganz erwachsen und wichtig, wenn die Eltern sie fürs Durchschlafen lobten – eine extra Belohnung.

»Nein« – das Zauberwort

Kleinkinder benutzen das Wort »Nein« so oft und so gern, weil sie es mindestens genauso oft von ihren Eltern zu hören bekommen. Kleine Kinder sind dafür bekannt, überall hineinzukriechen oder hinaufzuklettern, wo sie nichts zu suchen haben, und Eltern sind bekannt dafür, ständig Dinge zu sagen wie: »Nein! Fass das nicht an!«, »Nein! Mach das nicht auf!« oder »Lass das sein!« Die beste Möglichkeit, Ihr Kind dazu zu bringen, nicht so oft »Nein« zu sagen, ist es, ihm nur selten die Gelegenheit dazu zu geben.

Wie Sie dem Problem vorbeugen

Lernen Sie Ihr Kind noch besser kennen.
Wenn Sie mit der Persönlichkeit, also z.B. den Bedürfnissen und Wünschen Ihres Kindes vertraut sind, wissen Sie ganz genau, wann sein »Nein« wirklich »Nein« bedeutet, und wann es eigentlich »Ja« oder etwas ganz anderes meint.

Denken Sie nach, ehe Sie »Nein« sagen.
Sagen Sie nicht automatisch »Nein«, wenn es Ihnen eigentlich egal ist, ob Ihr Kind etwas Bestimmtes tut oder nicht.

Vermeiden Sie Ja-Nein-Fragen.
Vermeiden Sie es, Fragen zu stellen, die Ihr Kind mit »Nein« beantworten kann. Fragen Sie es z.B., wie viel Saft es möchte, und nicht, ob es Saft trinken will. Wenn Sie möchten, dass das Kind ins Auto steigt, dann sagen Sie nicht: »Magst du dich ins Auto setzen?«, sondern: »Wir steigen jetzt ins Auto.« Tun Sie das dann auch.

Verwandeln Sie Ihr Nein in etwas anderes.
Sagen Sie z.B. »Stopp« oder »Moment mal!«, statt »Nein«, wenn Ihr Kind etwas tut, das Sie nicht möchten.

Lehren Sie Alternativen.
Da Sie ja normalerweise möchten, dass Ihr Kind ein bestimmtes Verhalten ablegt, wenn Sie »Nein« zu ihm sagen, sollten Sie es ein anderes Verhalten lehren, um das unerwünschte damit zu ersetzen. Statt z.B. wiederholt zu schimpfen: »Nein! Du sollst den Hund nicht am Schwanz ziehen! Das tut ihm weh«, nehmen Sie Ihr Kind während neutraler Zeiten immer wieder bei der Hand und sagen Sie: »So, jetzt zeig mir mal, wie lieb du zu unserem Hund sein kannst. Siehst du, wie er sich freut?«

Wie Sie das Problem lösen

Ignorieren Sie das »Nein« Ihres Kindes.
Wenn Sie nicht sicher sind, was Ihr Kind mit »Nein« sagen will, nehmen Sie an, dass es eigentlich »Ja« meint. Denn wenn es z.B. den Saft, den es gerade abgelehnt hat, wirklich nicht mag, wird es ihn ohnehin nicht trinken. Mit der Zeit werden Sie immer besser wissen, wann Ihr Kind nur so aus Spielerei »Nein« sagt und wann es ernst gemeint ist.

Loben Sie jedes »Ja«.
Ihr Kind wird schnell lernen, wie man »Ja« sagt, wenn es Sie jedes Mal dazu bringt, zu lächeln und es zu loben. Reagieren Sie positiv, indem Sie z.B. sagen: »Wie lieb von dir, dass du ›Ja‹ sagst.«

Lassen Sie Ihr Kind »Nein« sagen.
Ihr Kind hat in jeder Situation das Recht, »Nein« zu sagen. Wenn Sie es um etwas bitten, und es sagt »Nein«, dann erklären Sie ihm die Situation. Sagen Sie z.B.: »Ich weiß, dass du deine Malstifte nicht aufräumen willst, aber wenn du tust, was ich dir sage, darfst du hinterher machen, was du möchtest.« So weiß Ihr Kind, dass Sie ihm zuhören und auf seine Gefühle Rücksicht nehmen – aber immer noch der Boss sind.

Was Sie nicht tun sollten

Lachen Sie nicht, wenn Ihr Kind immer wieder »Nein« sagt. Gelächter und jede andere Form der Aufmerksamkeit für den inflationären Gebrauch des Wortes »Nein« ermutigen Ihr Kind nur, noch öfter »Nein« zu sagen, um eine Reaktion zu provozieren.

Werden Sie nicht wütend.
Denken Sie daran, dass das »Nein«-Stadium eine ganz normale Entwicklungsphase Ihres Vorschulkindes ist, die bald ganz von selbst wieder vorbeigehen wird. Wenn Sie wütend werden, geben Sie dem Kind Macht und Aufmerksamkeit für sein »Nein«. Und genau das will es ja erreichen.

Der negative Nathan
Das Lieblingswort des 20 Monate alten Nathan Schumacher war dasjenige, das seine Eltern am meisten hassten: »Nein«. Weil der Kleine dieses Wort als Antwort auf jede Frage benutzte, die man ihm stellte, fingen die Eltern schon an, sich Sorgen um seine Intelligenz zu machen. »Kannst du nichts anderes als ›Nein‹ sagen?«, fragten Sie ihren Sprössling. Die Antwort war klar.
Die Schumachers versuchten deshalb, das Wort »Nein« selbst seltener zu benutzen, um zu sehen, ob das irgendeinen Einfluss auf Nathans Vokabular hatte. Statt »Nein, jetzt nicht!« zu sagen, als Nathan einen Keks wollte, versuchten sie es mit: »Ja, du kannst einen Keks haben, wenn du dein Abendbrot gegessen hast.« Obwohl sie so eigentlich doch »Nein« sagten, reagierte Nathan positiv und holte sich den Keks gleich nach dem Essen ab.
Als seine Eltern immer öfter »Ja« statt »Nein« sagten, antwortete er auch häufiger mit »Ja«, was ihm umgehend das Lächeln, die Umarmungen und das Lob seiner hocherfreuten Eltern einbrachte.
Die Schumachers versuchten auch, Nathan nicht mehr so viele Fragen zu stellen, die er mit »Ja« oder »Nein« beantworten konnte. Anstatt ihn zu fragen, ob er etwas trinken wolle, fragten sie: »Möchtest du Apfelsaft oder Milch?« Der Junge suchte sich dann gern etwas aus. So schafften es die Eltern, die Negativität ihres Sohnes auf sanfte Art in den Griff zu bekommen.

Pannen beim Töpfchentraining

Das Töpfchentraining ist oft der erste große Machtkampf zwischen Eltern und Kleinkindern. Wenn die Eltern von ihren freiheitsliebenden Nachkommen verlangen, etwas zu lassen, das ihnen in Fleisch und Blut übergegangen ist, um stattdessen etwas zu tun, das ganz neu und häufig unangenehm ist, bedeutet das Krieg. Für die meisten Kinder ist das Einzige, was am Töpfchentraining attraktiv ist, die Tatsache, dass sie ihren Eltern eine Freude machen können. Also fördern Sie ein möglichst unfallfreies Training, indem sie dem, was Ihr Kind tun soll (seine Höschen trocken halten, brav aufs Töpfchen gehen), mehr Aufmerksamkeit schenken als dem, was es nicht tun soll (in die Hose machen). Helfen Sie Ihrem Kind dabei, auf sich stolz zu sein. So verringert sich die Wahrscheinlichkeit, dass ihm ein Missgeschick passiert, nur um Ihnen irgendeine Reaktion zu entlocken.

Anmerkung: Wenn Ihr Kind im Alter von vier Jahren oder darüber immer noch in die Hose macht, konsultieren Sie einen Kinderarzt. In diesem Kapitel beschäftigen wir uns nicht mit dem Bettnässen, weil viele Vorschulkinder körperlich ohnehin noch nicht reif genug sind, die ganze Nacht über trocken zu bleiben. Viele Fachleute glauben, dass das Bettnässen erst ab dem sechsten Lebensjahr ein Problem darstellt, das professioneller Hilfe bedarf.

Wie Sie dem Problem vorbeugen

Achten Sie auf Zeichen der Bereitschaft.

Achten Sie bei Ihrem Kind (ab etwa zwei Jahren) auf Zeichen, dass es bereit ist, aufs Töpfchen zu gehen. Das sind z.B.: Es ist sich bewusst, dass es uriniert oder seinen Darm entleert (oder es gleich tun wird); regelmäßigere und vorhersehbarere Ausscheidungen; die Fähigkeit des Kindes, die Hose herunterzuziehen und auf die Toilette zu klettern; die Fähigkeit, das Toilettenvokabular zu verstehen und einfache Anweisungen zu befolgen; ein Interesse daran, das Töpfchen zu benutzen; generelles Ablehnen verschmutzter Windeln.

Beginnen Sie nicht zu früh mit dem Töpfchentraining.
Wenn Sie zu früh mit dem Training beginnen, lernt Ihr Kind, sich mehr auf Sie zu verlassen als auf seine eigene Fähigkeit und Wahrnehmung. Kinder, die dazu gezwungen werden, bevor sie bereit sind, brauchen letztlich länger, um sauber zu werden.

Machen Sie Ihrem Kind vor, wie man's macht.
Machen Sie Ihr Kind mit dem Töpfchen vertraut und zeigen Sie ihm, wie man es benutzt, indem Sie ihm demonstrieren, wie Sie selbst auf die Toilette gehen.

Entscheiden Sie sich für eine Methode.
Es gibt viele Produkte (Bücher, CDs, Videos), die Ihnen beim Töpfchentraining helfen können. Suchen Sie sich die Methode aus, die Ihnen am angenehmsten ist, und halten Sie sich an die Empfehlungen. Geduld und Konsequenz sind der Schlüssel zum Erfolg!

Wie Sie das Problem lösen

Loben Sie Ihr Kind für trockene Höschen.
Lehren Sie Ihr Kind, nicht einzunässen, indem Sie ihm sagen, wie schön es ist, ein trockenes Höschen zu haben. Sagen Sie Ihrem Kind etwa alle 15 Minuten: »Kontrolliere mal dein Höschen. Ist es trocken?« So übertragen Sie ihm die Verantwortung, was ihm das Gefühl gibt, die Sache unter Kontrolle zu haben.

Erinnern Sie Ihr Kind daran, das Töpfchen zu benutzen.
Viele Vorschulkinder verrichten ihr Geschäft bisweilen am falschen Platz, z.B. im Freien oder im Hinterhof. Hat Ihr Kind das getan, erinnern Sie es noch einmal an die Regel: »Du sollst dein Töpfchen

benutzen, wenn du mal musst.« Dann üben Sie mit Ihrem Kind, wie es richtig aufs Töpfchen geht.

Reagieren Sie auf Unfälle gelassen.
Hat Ihr Kind in die Hose gemacht, sagen Sie: »Ich finde es schade, dass du dich nass gemacht hast. Jetzt müssen wir üben, wie man trocken bleibt.« Üben Sie dann zehnmal, an verschiedenen Orten im Haus aufs Töpfchen zu gehen: Hose runter, aufs Töpfchen setzen, Hose hoch. Beim Üben ist es nicht notwendig, dass Ihr Kind wirklich uriniert oder seinen Darm entleert, sondern nur, dass es sich den korrekten Ablauf einprägt.

Wenden Sie Großmutters Spielregel an.
Falls Ihr Kind sein Geschäft nur auf seinem eigenen Töpfchen erledigen will, wenn Sie außer Haus sind, versuchen Sie es mit Großmutters Spielregel. Sagen Sie: »Dein Höschen muss trocken bleiben. Ein Töpfchen ist so gut wie das andere. Wir können dein Töpfchen nicht benutzen, weil wir es nicht dabei haben. Wenn du dieses Töpfchen benutzt hast, können wir in den Zoo gehen.« Wenn Sie möchten, können Sie das Töpfchen Ihres Kindes natürlich auch mitnehmen, wenn Ihnen das lieber ist.

Was Sie nicht tun sollten

Bestrafen Sie Ihr Kind nicht für Missgeschicke.
Indem Sie es bestrafen oder laut werden, schenken Sie dem Kind nur Aufmerksamkeit dafür, dass es in die Hose gemacht hat (oder an einen anderen falschen Platz). Das Kind lernt dabei jedoch nicht, wie es trocken bleibt.

Stellen Sie nicht die falsche Frage.
Wenn Sie sagen: »Kontrolliere dein Höschen«, schärfen Sie damit das Bewusstsein Ihres Kindes. Das funktioniert besser, als zu fragen:

»Musst du aufs Töpfchen?«, was im Allgemeinen mit »Nein« beantwortet wird. Lassen Sie Ihr Kind sich dafür verantwortlich fühlen, dass es trocken bleibt.

Kathrins »Missgeschicke«

Sobald die Vorschule ihre Pforten für die Sommerferien schloss, begann die dreieinhalbjährige Kathrin Winter, mehr als nur Buchstaben und Zahlen zu vergessen. Ihre gelegentlichen Missgeschicke zeigten, dass sie einfach zu lange wartete, bevor sie zur Toilette ging. Frau Winter beobachtete, wie sie herumzappelte, während sie es hartnäckig vermied, ins Badezimmer zu gehen.
Kathrin fand heraus, dass sie den physischen Druck, dringend aufs Klo zu müssen, erleichtern konnte, indem sie eine kleine Menge Urin ins Höschen laufen ließ. Wenn ihre Mutter sie schalt, weil sie in die Hose gemacht hatte, beteuerte Kathrin immer wieder, dass sie sich doch »nur ein bisschen« nass gemacht habe. Frau Winter begriff, dass Kathrin Aufmerksamkeit für ihre Missgeschicke wollte. Warum betonte sie sonst immer wieder, »nur ein bisschen« nass zu sein?
Nachdem sie die Situation analysiert hatten, beschlossen Herr und Frau Winter, die gleiche Routine einzuführen wie beim Töpfchentraining im letzten Jahr: Sie lobten Kathrin für ihre trockenen Höschen, statt sich über die nassen aufzuregen. »Was macht dein Höschen, Kathrin? Ist es trocken?«, fragte Frau Winter am nächsten Morgen nach dem Frühstück. Sie war genauso begeistert wie Kathrin selbst, als diese mit einem breiten Grinsen »Ja! Es ist trocken!« antwortete.
»Danke, dass du dich nicht nass gemacht hast, Liebling«, sagte Frau Winter und umarmte ihre Tochter. »Heute soll das Höschen den ganzen Tag trocken bleiben! Abgemacht?«
Nachdem sie sich einige Tage lang immer wieder regelmäßig nach Kathrins Höschen erkundigt hatte (sie waren immer trocken), dachte Frau Winter, das Problem sei aus der Welt – bis zum nächsten Tag, als Kathrin sich wieder in die Hose machte. »Lass uns jetzt zehnmal üben, aufs Töpfchen zu gehen«, sagte sie zu ihrer verdrießlich dreinblickenden Tochter, die sehr enttäuscht wirkte, weil ihre Mutter sie nicht lobte, wie sie es getan hatte, als ihre Höschen trocken waren.

Kathrin lernte schnell, dass es wesentlich angenehmer war, gleich aufs Töpfchen zu gehen und von den Eltern für trockene Höschen gelobt zu werden, als üben zu müssen. Sie hielt durch und machte sich mehrere Monate lang nicht mehr in die Hose.
Herr und Frau Winter lobten Kathrin und frischten während der nächsten Monate ab und zu ihr Gedächtnis auf. Denn Kathrin musste sich die Töpfchen-Regeln erst wieder fest einprägen.

Quengeln

Genau wie Erwachsene manchmal aus unersichtlichen Gründen schlechte Laune haben, sind auch Vorschulkinder bisweilen quengelig und griesgrämig, obwohl es ihnen körperlich an nichts fehlt. Ein solches Verhalten rührt meist daher, dass Ihr Kind Aufmerksamkeit will oder seinen Willen durchsetzen möchte. Auch wenn es Ihnen schwer fällt – das Gequengel zu ignorieren, ist das beste Mittel, es zu beenden. Ihr Kind wird schon bald eine wichtige Lektion lernen: Mit Freundlichkeit kommt man viel weiter, als wenn man unleidlich ist.

Wie Sie dem Problem vorbeugen

»Erwischen« Sie Ihr Kind beim Freundlichsein.
Wenn Ihr Kind gerade nicht quengelt, dann sagen Sie ihm, wie gern Sie mit ihm zusammen sind. Ihre Aufmerksamkeit zeigt ihm, dass eine positive Einstellung belohnt wird.

Erfüllen Sie die Bedürfnisse Ihres Kindes.
Achten Sie darauf, dass Ihr Kind regelmäßig isst, badet und schläft, dass es richtig angezogen ist und häufig umarmt und gestreichelt wird. So vermeiden Sie, dass es quengelt, weil es nasse Windeln hat, hungrig oder übermüdet ist oder sich nicht geliebt fühlt.

Wie Sie das Problem lösen

Definieren Sie »quengeln«.

Achten Sie darauf, dass Ihr Kind genau weiß, was Sie mit »quengeln« meinen. Dann erklären Sie ihm, wie es Sie am besten um etwas bitten oder Ihnen sagen kann, was es möchte, ohne zu quengeln. Sagen Sie z.B.: »Wenn du mich lieb bittest, dann gebe ich dir etwas Apfelsaft. Ich möchte, dass du mich so fragst: »Papi, darf ich bitte etwas Apfelsaft haben?« Wenn Ihr Kind noch nicht spricht, zeigen Sie ihm, wie es Ihnen mit Handlungen und Gesten zeigen kann, was es möchte. Lassen Sie Ihr Kind mindestens fünfmal üben, höflich um etwas zu bitten. Erfüllen Sie seinen Wunsch dann auch, um so Ihr Argument zu untermauern, dass höfliches Bitten zum Ziel führt.

Schaffen Sie einen Platz zum Quengeln, falls nötig.

Quengelt Ihr Kind immer noch, nachdem Sie ihm beigebracht haben, wie es seine Wünsche höflich formulieren kann, dann lassen Sie es wissen, dass es das Recht dazu hat, zu jammern, wenn es bestimmte Gefühle und Enttäuschungen nur so verarbeiten kann. Sagen Sie dem Kind, dass es wimmern kann, so viel es will, aber nur an einem ganz bestimmten »Platz zum Quengeln«, der extra für diesen Zweck geschaffen wird. (Dies ist eine Variante der »Auszeit«.) Erklären Sie ihm, dass Sie nicht mit einem Jammerkasten zusammen sein möchten, der Ihnen nicht in einem normalen Ton sagen kann, was er will. Sagen Sie: »Es tut mir Leid, dass du dich so aufregst. Du kannst ins Quengel-Zimmer (auf den Quengel-Stuhl) gehen und wiederkommen, wenn es dir besser geht.«

Ignorieren Sie das Gejammer.

Weil das Gejammer so nervenzerreißend ist, kann es leicht passieren, dass Sie Ihrem Kind mehr Aufmerksamkeit schenken, wenn es quengelt, als wenn es ruhig ist, auch wenn diese Aufmerksamkeit wohl nicht gerade Zuneigung ausdrückt. Lenken Sie sich daher ab, um das Gejammer ignorieren zu können.

Heben Sie »quengelfreie« Zeiten hervor.
Um Ihrem Kind den lebhaften Kontrast Ihrer Reaktionen auf sein Quengeln bzw. Nicht-Quengeln zu demonstrieren, loben Sie es sofort, wenn es sich wieder beruhigt, indem Sie sagen: »Du bist ja so lieb! Lass uns dir ein Spielzeug holen!« Oder: »Ich hab dich ja schon ewig nicht mehr quengeln hören! Wie schön!«

Was Sie nicht tun sollten

Geben Sie der Quengelei nicht nach.
Wenn Sie Ihrem quengelnden Kind Aufmerksamkeit schenken, indem Sie sich aufregen oder ihm geben, worum es bettelt, lehren Sie es, dass Quengeln der Weg zum Erfolg ist.

Jammern Sie nicht selbst.
Wenn Erwachsene sich über etwas beklagen, dann kann sich das für ein Kind wie Quengelei anhören. Wenn Sie herumjammern, dann denkt Ihr Vorschulkind, es sei okay, das auch zu tun. Sind Sie schlecht gelaunt, dann lassen Sie Ihren Ärger nicht an Ihrem Kind aus. Sagen Sie ihm einfach, dass Sie ein wenig neben sich stehen.

Werden Sie nicht wütend.
Werden Sie nicht wütend auf Ihr Kind, weil es einen schlechten Tag hat. Es wird Ihren Ausbruch nicht nur als besondere Aufmerksamkeit missverstehen, sondern auch glauben, Macht über Sie zu haben, weil es geschafft hat, Sie wütend zu machen. Es wird vielleicht weiterjammern, nur um Ihnen zu zeigen, dass es der Boss ist.

Bestrafen Sie Ihr Kind nicht, wenn es quengelt.
Dinge zu sagen wie: »Gleich setzt es was, worüber du wirklich heulen kannst«, führt nur zu Konflikten. Es vermittelt Ihrem Kind, dass es niemals in Ordnung ist, zu quengeln, und so fühlt es sich auch noch schuldig dafür, verstimmt zu sein. Gestatten Sie ein gesundes

Maß an Quengelei, weil das vielleicht gerade die einzige Möglichkeit für Ihr Kind ist, seinem Ärger Luft zu machen.

Denken Sie daran: Nichts dauert ewig.
Ihr Kind hat vielleicht einen schlechten Tag oder macht eine Phase durch, in der man ihm einfach nichts recht machen kann. Also quengelt es etwas mehr, bis es wieder mit der Welt im Reinen ist. Sagen Sie sich: »Auch das geht vorüber«, und versuchen Sie, Ihr Kind aufzumuntern, indem Sie es loben, wenn es sich gut benimmt.

Der Quengel-Stuhl
Die dreijährige Agnes Erler quengelte fast ununterbrochen – von dem Moment an, wenn sie morgens die Augen aufschlug, bis zu der Minute, in der sie abends einschlief. »Mami, ich habe Hunger! Ich will jetzt aber fernsehen! Mami, warum gehen wir denn bloß dahin? Das dauert ja so lange!« Das Gejammer nahm einfach kein Ende.
Frau Erler versuchte, den Lärm zu ignorieren, den ihre Tochter machte, aber sie gab Agnes' Drängen oft nach, um sie zum Schweigen zu bringen. Doch das ständige Quengeln und Wimmern zerrte an ihren Nerven, bis sie eines Tages schrie: »Agnes, hör jetzt endlich mit diesem blöden Gequengel auf! Das ist wirklich grauenerregend!«
Agnes anzuschreien machte alles nur noch schlimmer, also beschloss Frau Erler, dass sie zu anderen Methoden greifen müsse. Sie entschied sich für eine Variation der Auszeit. »Das ist der Quengel-Stuhl«, sagte sie am nächsten Morgen zu Agnes, die schon wieder mit der üblichen Jammerei loslegte. »Ich finde es schade, dass du jetzt jammerst. Du musst hier sitzen, bis du damit aufgehört hast. Wenn du fertig bist, darfst du aufstehen und spielen.« Sie setzte Ihre Tochter auf den Stuhl, den sie extra für diesen Zweck ausgesucht hatte. Dann ging sie weg und achtete darauf, ihrer Tochter keinerlei Aufmerksamkeit zu schenken. Als sie hörte, dass das Jammern nachließ, ging sie wieder zu ihr und lobte sie: »Ich finde es so schön, wenn du nicht quengelst. Lass uns spielen gehen.«
Als Frau Erler feststellte, dass ihre Tochter bis zu zehnmal pro Tag auf dem Quengel-Stuhl landete, entschloss sie sich, den nächsten Schritt zu machen

und Agnes beizubringen, wie sie es vermeiden konnte, so oft auf den Stuhl gesetzt zu werden. »Wenn du mich lieb bittest, gebe ich dir etwas zu trinken«, erklärte sie. Dann lehrte sie Agnes, höflich zu fragen: »Darf ich bitte etwas zu trinken haben?«
Ihre Tochter befolgte diese Anweisungen nun jedes Mal, wenn sie etwas wollte, weswegen sie früher gequengelt hatte. Obwohl Agnes' Gequengel nie ganz aufhörte, verbesserte sich die Situation zusehends.

Reisefrust

Die meisten Erwachsenen denken bei einer Urlaubsreise an pure Erholung. Für viele Vorschulkinder hat das Reisen jedoch überhaupt nichts mit stressfreiem Genuss zu tun. Die Kleinen lieben das Gefühl von Sicherheit, das ihnen ihre vertraute Umgebung, das eigene Bett und das gewohnte Essen bieten. Also versuchen Sie zu verhindern, dass Sie sich gleich nach dem Urlaub schon wieder von Ihrem eigenen Kind erholen müssen. Sorgen Sie dafür, dass Ihr Sprössling weiß, dass auch für seinen Spaß gesorgt ist.

Wie Sie dem Problem vorbeugen

Denken Sie an Spielsachen für unterwegs.
Packen Sie nur Spielzeug ein, das für Kleidung und Autositze harmlos ist. Wenn Sie öffentliche Verkehrsmittel benutzen, dann sorgen Sie für Spielsachen, die keinen Lärm machen, auf engem Raum funktionieren und Ihr Kind möglichst lange beschäftigen.

Machen Sie Ihr Kind mit Ihren Reiseplänen vertraut.
Besprechen Sie Ihre Reisepläne mit Ihrem Kind, damit es weiß, wie lange Sie weg sein werden, was in der Zwischenzeit mit seinem Zimmer, mit dem Hund oder der Katze passiert usw. Zeigen Sie ihm Fotos von Ihrem Reiseziel. Erzählen Sie von Land und Leuten und

davon, was Sie alles erleben werden. Falls Sie schon vorher einmal dort waren, berichten Sie von Ihren Erinnerungen und zeigen Sie dem Kind Ihre Souvenirs. Falls es Angst hat, an einen fremden Ort zu reisen, vergleichen Sie Ihr Ziel mit einem Ort, den es kennt.

Lassen Sie den kleinen Touristen mithelfen.
Erlauben Sie Ihrem Kind, sich an den Urlaubsvorbereitungen und der Reiseplanung zu beteiligen. Lassen Sie es beim Einpacken seiner Kleidung helfen, Spielsachen für unterwegs aussuchen, eine kleine Reisetasche oder einen Rucksack tragen usw.

Stellen Sie Benimmregeln für die Reise auf.
Erklären Sie Ihrem Kind eventuelle Sonderregeln für die Reise, bevor Sie losfahren. Sie könnten beispielsweise eine Regel fürs Lärmen aufstellen, eine für Entdeckungsreisen, eine für den Swimmingpool und eine für Zwischenstopps und Restaurantbesuche.

Fahren Sie nicht los, bevor alle angeschnallt sind.
Wenn Sie mit dem Auto verreisen, setzen Sie diese Regel am besten von Anfang an durch. So gewöhnt sich Ihr Kind schnell an Kindersitz und Sicherheitsgurt. Bringen Sie Ihr Auto so schnell und so sicher wie möglich zum Stehen, wann immer Ihr Kind den Kindersitz verlässt oder den Sicherheitsgurt ablegt, um ihm zu zeigen, dass die Regel ernst gemeint ist und durchgesetzt wird.

Wie Sie das Problem lösen

Loben Sie gutes Benehmen.
Loben Sie Ihr Kind häufig, wenn es sich gut benimmt, und belohnen Sie es dafür, dass es brav im Kindersitz bzw. auf seinem Platz bleibt. Sagen Sie z.B.: »Schön, dass du dir die Bäume und Häuser ansiehst. Es ist wirklich ein herrlicher Tag. Bald können wir aussteigen und spielen, weil du so brav auf deinem Platz geblieben bist.«

Spielen Sie Reisespiele.
Zählen Sie bestimmte Gegenstände, benennen Sie Farben, halten Sie Ausschau nach Tieren usw., damit Ihr Kind sich im Auto, Zug, Bus oder Flugzeug nicht langweilt. Machen Sie sich eine Liste lustiger Spiele, ehe Sie abreisen, damit Sie das Interesse Ihres Kindes (und auch Ihr eigenes) wach halten.

Machen Sie oft genug Pause.
Ihr energiegeladenes Vorschulkind ist normalerweise am glücklichsten, wenn es sich bewegen kann. Stundenlang in ein Auto, ein Flugzeug oder einen Zug eingesperrt zu sein, passt seinem Abenteuergeist gar nicht. Geben Sie ihm die Möglichkeit, an einer Raststätte oder im Park Dampf abzulassen, damit es nicht gerade dann rebelliert, wenn Sie es am wenigsten gebrauchen können.

Achten Sie bei langen Reisen auf die richtigen Snacks.
Lebensmittel, die viel Zucker oder Kohlensäure enthalten, drehen Ihr Kind nicht nur auf, sie erhöhen auch die Wahrscheinlichkeit, dass ihm auf der Reise übel wird. Bleiben Sie bei leicht salzigen oder eiweißreichen Snacks, damit es fröhlich und gesund bleibt.

Benutzen Sie Großmutters Spielregel.
Geben Sie Ihrem Kind zu verstehen, dass gutes Benehmen auf Reisen belohnt wird. Wenn es herumquengelt, weil es Durst hat, sagen Sie: »Wenn du aufgehört hast, zu quengeln und wieder ruhig auf deinem Platz sitzt, dann halten wir bei der nächsten Raststätte an und holen etwas zu trinken.«

Was Sie nicht tun sollten

Lassen Sie kleine Kinder im Auto nicht vorn sitzen.
Egal wie sehr sie darum betteln vorn neben Mami oder Papi sitzen zu dürfen – kleine Kinder gehören nicht auf den Vordersitz, auch

nicht auf ganz kurzen Strecken. Der sicherste Platz für Vorschulkinder ist auf der Rückbank, sorgfältig angeschnallt im Kindersitz.

Versprechen Sie nichts, was Sie nicht halten können.
Machen Sie Ihrem Kind keine zu genauen Ankündigungen und Versprechungen darüber, was es auf der Reise alles sehen wird, weil es Sie dafür eventuell zur Rechenschaft ziehen wird. Wenn Sie z.B. sagen, dass Sie im Yellowstone-Nationalpark Bären sehen werden, und das nicht der Fall ist, dann müssen Sie sich anschließend vielleicht Vorwürfe und Gequengel anhören wie: »Aber du hast doch versprochen, dass ich einen Bären sehen werde!«

Rangeleien auf dem Rücksitz
Jens und Andrea Sperling wollten mit ihren Kindern in die Ferien fahren, und es sollte ein genauso toller Urlaub werden wie früher die Reisen zu zweit. Doch mit der dreijährigen Lena und dem fünfjährigen Torsten unterwegs zu sein, war eher eine Tortur als eine Vergnügungsreise. Denn die Rückbank des Autos wurde schnell zum Kriegsschauplatz, und das Geschrei der Kinder führte häufig zu Drohungen und Klapsen. Doch solche Strafen machten keinerlei Eindruck auf die Kinder. Die Sperlings glaubten schon nicht mehr daran, noch eine Lösung für ihren Reisefrust zu finden. Doch schließlich beschlossen sie, neue Regeln für unterwegs aufzustellen. Sie fanden einige Spielsachen, mit denen die Kinder auch ohne Aufsicht spielen konnten; sie erklärten die neue Strategie für Autofahrten; und sie testeten sie auf kurzen Strecken, z.B. auf dem Weg zum Strandbad oder zum Supermarkt. »Kinder«, fingen sie an, »wir fahren jetzt zum Einkaufen. Wenn ihr in euren Kindersitzen bleibt und euch freundlich unterhaltet, darf sich jeder von euch seinen Lieblingssaft aussuchen.«
Anfangs lobten die Sperlings ihre Kinder, weil sie sich an die Regel hielten. »Danke, dass ihr so leise seid. Wir finden es schön, dass ihr nicht quengelt und euch nicht gegenseitig wehtut.« Aber letztlich klappte der Plan doch nicht, und die Kinder bekamen keine Belohnung.
Doch nach zwei weiteren Übungsfahrten gingen die Kinder tatsächlich freundlicher miteinander um und hielten sich während der ganzen Fahrt an

die Regeln. Sie bekamen jede Menge Lob für Ihre Bemühungen und wurden für ihr gutes Benehmen belohnt.
Natürlich gab es Rückfälle, aber Jens und Andrea blieben konsequent. Lena und Torsten begriffen, dass auch sie mehr Spaß hatten und viel eher bekamen, was sie wollten, wenn sie sich an die Regeln hielten. So wurde der Urlaub zu viert doch noch ein Erfolg.

Schimpfworte und freche Antworten

Angehende Sprachwissenschaftler im Vorschulalter testen die Macht der Schimpfworte, um die Welt wissen zu lassen, dass sie der Chef sind und sich auch dementsprechend ausdrücken können. Wenn es andere beleidigt, überprüft Ihr Kind sowohl die Kraft seiner Worte als auch die Reaktionen, die es erntet. Indem Sie gelassen bleiben, zeigen Sie ihm, dass seine Versuche nicht den gewünschten Effekt erzielen. So wird es einsehen, dass das freche Spiel mit den Schimpfworten keinen Spaß macht, wenn nur einer es spielt.

Wie Sie dem Problem vorbeugen

Sprechen Sie vorbildlich mit Ihrem Kind.
Lehren Sie Ihr Kind, sich so auszudrücken, wie Sie es von ihm erwarten. Benutzen Sie höfliche Redewendungen wie »Vielen Dank«, »Bitte«, »Entschuldigung« usw. Und lassen Sie Ihr Kind üben, die Worte zu verwenden, die Sie ihm beigebracht haben.

Lehren Sie Ihr Kind, gelassen zu reagieren.
Schlagen Sie ihm angemessene Reaktionen für den Fall vor, dass Ihr Kind das Opfer von Beschimpfungen wird. Raten Sie ihm, nicht wütend zu werden und verbal oder sogar körperlich zurück-

zuschlagen. Sagen Sie: »Wenn dein Freund ein böses Wort zu dir sagt, dann antworte ihm ganz ruhig, dass du nicht mehr mit ihm spielst, wenn er dich beschimpft.«

Entscheiden Sie, welche Worte tabu sind.
Achten Sie darauf, Ihrem Kind genau zu erklären, welche Worte schlimm sind und welche nicht. Sie können nicht erwarten, dass es das von von sich aus weiß.

Wie Sie das Problem lösen

Verhängen Sie eine Auszeit.
Sagen Sie z.B.: »Wenn du frech bist und hässliche Worte benutzt, darfst du nicht mehr spielen. Ich finde es schade, dass du deine Schwester beleidigt hast. Auszeit!«

Überstrapazieren Sie das Schimpfwort.
Für viele Vorschulkinder verliert ein Schimpfwort seine Faszination, wenn man es überstrapaziert. Setzen Sie Ihr Kind auf einen Stuhl, und lassen Sie es das Wort ohne Pause wiederholen (eine Minute für jedes Lebensjahr). Wenn es sich weigert, lassen Sie es einfach so lange sitzen, bis es damit anfängt, egal, wie lange es dauert. Wenn das Kind fertig ist, bringen Sie ihm angemessene Worte bei.

Loben Sie eine gute Ausdrucksweise.
Loben Sie Ihr Kind, wenn es sich angemessen und höflich ausdrückt und auf Schimpfworte verzichtet. So geben Sie ihm zu verstehen, was akzeptabel ist und was nicht.

Seien Sie konsequent.
Reagieren Sie jedes Mal, wenn Ihr Kind Schimpfworte benutzt, auf dieselbe Weise, um ihm zu zeigen, dass seine Beleidigungen niemals akzeptiert werden. Sagen Sie: »Schade, dass du ein böses Wort zu

deinem Freund gesagt hast. Jetzt bekommst du eine Auszeit.« Oder: »Jetzt musst du das Wort überstrapazieren.«

Was Sie nicht tun sollten

Lassen Sie sich nicht auf das Spiel ein.
Hüten Sie sich davor, ebenfalls Widerworte zu geben. Und achten Sie auf Ihre Ausdrucksweise sowie auf die von Freunden, Spielkameraden und TV-Helden. Was Kinder hören, plappern sie nach.

Bestrafen Sie Ihr Kind nicht für freche Antworten.
Wenn Sie Ihr Kind bestrafen, weil es ein Schimpfwort verwendet oder eine freche Antwort gegeben hat, wird es nur lernen, dieses Verhalten zu vermeiden, solange Sie in Hörweite sind. Zudem gibt es keinerlei Beweis für die Annahme, dass Kinder respektvoller werden, wenn sie für ihre Respektlosigkeit bestraft werden. Harte Strafen vermitteln keinen Respekt – sondern Angst.

»Das ist aber nicht nett!«
Max und Susanne Glass waren schockiert, als sie das erste Mal hörten, wie ihre vierjährige Tochter Sarah ihre Freunde »Blödmann« und »Arschloch« nannte. Sie hatten solche Worte niemals zu Hause benutzt und wussten nicht, wo Sarah sie aufgeschnappt hatte.
»Sag so etwas nicht, Sarah! Das ist hässlich!«, ermahnten sie sie, aber das nützte nichts. Tatsächlich beleidigte Sarah bald auch die Eltern, was diese dazu veranlasste, ihr den ein oder anderen Klaps auf den Hintern zu geben. Aber auch das machte wenig Eindruck auf Sarah.
Schließlich probierte Frau Glass eine andere Strategie aus. Sie beaufsichtigte ihre Tochter aufmerksam beim Spielen, um festzustellen, wann Sarah gut mit anderen auskam und wann nicht. »Wie gut ihr Mädchen euch versteht!«, bemerkte sie, als Sarah und ihre Cousine Maria mit ihren Puppen spielten. Aber als Maria Sarahs Puppe in das blaue Auto setzte, schrie Sarah: »Du blöde Kuh, das ist mein Auto!«

Frau Glass trennte die Mädchen sofort. »Ich finde es sehr schade, dass du deine Cousine ›blöde Kuh‹ genannt hast«, sagte sie. »Auszeit!« Sarah begriff, dass es ihrer Mutter ernst war.
Frau Glass blieb auch in der folgenden Zeit konsequent: Das Spielen wurde unterbrochen, und Sarah bekam eine Auszeit, wann immer sie andere beschimpfte. So lernte das Mädchen, dass Schimpfworte nicht akzeptiert wurden, und hörte auf, sie zu benutzen.

Schüchternheit

Während einige Kinder mit ungebremster Neugier die Welt erobern, halten sich andere mit ihrem Forscherdrang stark zurück. Sie schauen sich alles lieber erst mal aus sicherer Entfernung an. Beide Neigungen gelten als normal; jede spiegelt ein angeborenes Temperament wider. In anderen Worten: Schüchternheit an sich ist noch kein Problem. Es kann jedoch problematisch werden, wenn sie so übermächtig wird, dass es das Kind daran hindert, Freunde zu finden und an sozialen Aktivitäten außerhalb des Hauses teilzunehmen, z.B. eine Geburtstagsparty zu besuchen oder in die Bücherei zu gehen. Soziale Fähigkeiten zu lehren und verschiedene Situationen im Rollenspiel zu üben, hilft Vorschulkindern, selbstsicherer zu werden und ihre Schüchternheit zu überwinden.

Wie Sie dem Problem vorbeugen

Seien Sie in Ihren Erwartungen realistisch.
Vielleicht erwarten Sie von Ihrem Kind mehr, als seinem Entwicklungsstand entspricht. Wenn Ihr Zweijähriges beispielsweise noch nicht bereit ist, auf eine Geburtstagsparty zu gehen, wird es noch mehr Angst vor gesellschaftlichen Ereignissen entwickeln, wenn Sie es dazu zwingen. Vorschulkinder überwinden ihre Schüchternheit, indem sie Erfahrungen im Umgang mit anderen sammeln. Erwar-

ten Sie also nicht, dass sich die Dinge über Nacht ändern. Geben Sie Ihrem Kind lieber Zeit, sich langsam zu entwickeln!

Akzeptieren Sie die Schüchternheit Ihres Kindes.
Kinder kommen mit unterschiedlichen Temperamenten auf die Welt: Einige sind zutraulich und kontaktfreudig, andere vorsichtig und schüchtern, und manche pendeln zwischen beiden Extremen hin und her. Anstatt Ihrem schüchternen Kind zu vermitteln, dass irgendetwas mit ihm nicht stimmt, akzeptieren Sie seine Schüchternheit als Teil seines einzigartigen Charakters.

Machen Sie Ihrem Kind Komplimente.
Wenn Ihr Sprössling etwas zu einer Unterhaltung beiträgt, machen Sie ihm ein Kompliment. Sagen Sie z.B.: »Es gefällt mir, was du gerade über die Katze gesagt hast, Denis. Ihre weiße Pfote ist wirklich ungewöhnlich.«

Wie Sie das Problem lösen

Machen Sie Ihrem Kind keine Vorwürfe.
Wenn Ihr Kind das Gefühl hat, Fehler machen zu können, ohne beschuldigt oder beschämt zu werden, kann es seine Schüchternheit leichter ablegen. Wenn es seine Milch verschüttet, sagen Sie beispielsweise: »Das ist nicht schlimm. Schau, wir können es zusammen aufwischen.«

Seien Sie ein gutes Vorbild, und üben Sie gemeinsam.
Geben Sie Ihrem Kind die Gelegenheit, Sie beim Umgang mit anderen in geselliger Runde zu beobachten. Üben Sie auch verschiedene Szenarien im Rollenspiel und machen Sie Vorschläge, was Ihr Kind in bestimmten Situationen antworten könnte. Sagen Sie z.B.: »Wenn mich jemand fragt, wie es mir geht, erwidere ich: ›Gut. Und Ihnen?‹«

Beziehen Sie das Kind in Unterhaltungen mit ein.
Geben Sie Ihrem Kind die Möglichkeit, an Gesprächen im Familien- oder Freundeskreis teilzunehmen. Fragen Sie z.B.: »Wie findest du denn die Idee, heute Abend Pizza zu essen?« Oder: »Erzähl Lars doch mal von deinem Besuch im Zoo!«

Suchen Sie professionelle Hilfe, falls nötig.
Wenn die Schüchternheit dem Glück Ihres Kindes im Weg steht, wenn sie es von altersgemäßen Aktivitäten abhält und ihm das Leben schwer macht, sollten Sie qualifizierte Hilfe in Anspruch nehmen.

Was Sie nicht tun sollten

Bestrafen oder demütigen Sie Ihr Kind nicht.
Auch wenn Ihnen die Schüchternheit Ihres Kindes peinlich ist oder auf die Nerven geht – indem Sie es bestrafen oder demütigen, entmutigen Sie es noch mehr. Den gleichen Effekt erzielen Sie, wenn Sie sich bei anderen für das Benehmen des Kindes entschuldigen.

Betteln Sie nicht.
Auch wenn die Versuchung groß ist, Ihr Kind anzubetteln, der »netten Tante« doch eine Antwort zu geben, verleiht dies der Verweigerungshaltung einige Macht und verstärkt sie eher.

Drücken Sie Ihrem Kind keinen Stempel auf.
Wenn Sie sich bei Familienmitgliedern und Freunden damit herausreden, dass Ihr Kind eben schüchtern sei, kann das leicht zur sich selbst erfüllenden Prophezeiung werden: Ihr Kind richtet sich häuslich in dieser Rolle ein.

Der ängstliche Emil
Emil Bartok war ein schüchternes Baby, das den Kopf im Schoß der Mutter vergrub, wenn Fremde anwesend waren. Sein Vater Manuel war als Kind

ebenfalls schüchtern gewesen. Emils Großmutter Christa sagte, dass niemand außerhalb der Familie Manuel je ein Wort hatte sagen hören, bis der fast ein Teenager war.

Emils Mutter Marion hatte gehofft, dass er seiner Schüchternheit bald entwachsen würde. Aber auch mit fünf Jahren machte er keine Anstalten, kontaktfreudiger zu werden. Manuel konnte seinen Sohn verstehen und wusste, wie qualvoll es für ihn war, mit Fremden sprechen zu müssen. Also entwickelte er einen Plan, um Emil zu helfen.

Zunächst verwickelte er ihn regelmäßig ins Gespräch, indem er viele Fragen stellte, die Emil nicht einfach mit »Ja« oder »Nein« beantworten konnte. Manuel fragte seinen Sohn beispielsweise: »Was hast du heute zu Mittag gegessen« oder: »Was hast du denn heute im Kindergarten gespielt?« Wenn Emil ausführlicher als nur mit ein oder zwei Worten antwortete, sagte Manuel: »Schön, dass du mir das erzählt hast!« Oder: »Das war eine wirklich interessante Geschichte.«

Manuel ließ Emil auch üben, wie man Leute begrüßt. Die beiden taten so, als träfen sie sich auf der Straße, und Emil sagte: »Hallo, wie geht es dir?« Manuel antwortete: »Sehr gut, danke der Nachfrage. Und dir?« Dann mussten sie lachen. Schließlich wurde Emil entspannter im Umgang mit Menschen, die er nicht so gut kannte, und Familie und Freunde bemerkten, wie höflich er jetzt war.

Stehlen

Vorschulkinder glauben so lange, dass Ihnen die ganze Welt gehört, bis man sie vom Gegenteil überzeugt. Deshalb ist es nie zu früh, Ihrem Kind beizubringen, dass es anderen nichts wegnehmen darf. Eltern sind das Gewissen ihrer Kinder, bis diese alt genug sind, um ihr eigenes zu entwickeln. Also lassen Sie Konsequenzen folgen, wenn Ihr Kind das Eigentum anderer Leute an sich nimmt – sei es das von Fremden oder Familienmitgliedern oder die Ware aus dem Supermarktregal –, damit es ein Gefühl dafür entwickelt, was richtig und was falsch ist.

Wie Sie dem Problem vorbeugen

Stellen Sie Regeln auf.
Ermutigen Sie Ihr Kind, es Ihnen zu sagen, wenn es etwas möchte. Bringen Sie ihm bei, wie man darum bittet. Entscheiden Sie, was Ihr Kind in der Öffentlichkeit oder bei anderen zu Hause nehmen darf und was nicht, und machen Sie ihm klar, was Sie von ihm erwarten. Eine Grundregel könnte lauten: »Du musst mich immer fragen, ob du etwas haben darfst, bevor du es dir nimmst.«

Wie Sie das Problem lösen

Erklären Sie, wie man etwas bekommt, ohne es zu stehlen.
Ihr Kind versteht noch nicht, warum es sich die Dinge, die es haben möchte, nicht einfach nehmen darf. Machen Sie ihm bewusst, wann es sich korrekt verhält und wann nicht, indem Sie sagen: »Du musst erst fragen, ob du Kaugummis haben kannst, bevor du sie dir nimmst. Wenn ich ›Ja‹ sage, darfst du die Packung nehmen und sie zur Kasse mitnehmen, damit wir sie bezahlen können.«

Erläutern Sie, was »stehlen« bedeutet.
Achten Sie darauf, dass Ihr Kind den Unterschied zwischen ausleihen und stehlen (und die Folgen, die beides hat) versteht, damit es auch weiß, was Sie meinen, wenn Sie sagen: »Du darfst nicht stehlen.« Stehlen bedeutet, etwas ohne Erlaubnis zu nehmen und zu behalten. Etwas ausleihen heißt, um etwas zu bitten und es, wenn man die Erlaubnis bekommt, vorübergehend an sich zu nehmen.

Lassen Sie Ihr Kind das Stehlen wiedergutmachen.
Um Ihrem Kind begreiflich zu machen, dass das Stehlen seinen Preis hat, lassen Sie es den Diebstahl »abarbeiten«, indem es kleine Aufgaben im Haushalt erledigen oder einen seiner eigenen Schätze abgeben muss. Dieser »Schatz« kann später als Belohnung dienen.

Lassen Sie Kinder gestohlene Gegenstände zurückgeben.
Erklären Sie Ihrem Kind, dass es nicht behalten darf, was es gestohlen hat. Setzen Sie die Regel durch, dass es die Sachen selbst zurückgeben muss (mit Ihrer Hilfe, falls nötig).

Verhängen Sie eine Auszeit.
Wenn Ihr Kind von seinen Spielkameraden ohne Erlaubnis etwas nimmt, lassen Sie es wissen, dass es für eine Weile von den anderen getrennt werden muss und nicht weiterspielen darf, weil es die Regel gebrochen hat. Sagen Sie: »Ich finde es schade, dass du Stephanie ihren Teddy weggenommen hast. Auszeit!«

Was Sie nicht tun sollten

Seien Sie nicht nachtragend.
Erinnern Sie Ihr Kind nicht an den Zwischenfall im Supermarkt oder im Sandkasten. Wenn Sie die Vergangenheit heraufbeschwören, erinnert dies das Kind nur an das falsche Verhalten, statt es zu lehren, diesen Fehler in Zukunft nicht mehr zu wiederholen.

Stempeln Sie Ihr Kind nicht ab.
Stempeln Sie Ihr Kind nicht als »Dieb« ab, denn dann wird es sich auch seinem Ruf entsprechend verhalten.

Fragen Sie Ihr Kind nicht, ob es etwas gestohlen hat.
Solche Fragen ermuntern das Kind nur zum Lügen. Es wird sich sagen: »Ich weiß, dass ich bestraft werde. Da lüg' ich doch lieber …«

Zögern Sie nicht, Ihr Kind zu durchsuchen.
Haben Sie den Verdacht, dass Ihr Kind etwas gestohlen hat, dann verschaffen Sie sich Gewissheit, indem Sie es durchsuchen. Wenn Sie entdecken, dass es wirklich gestohlen hat, lassen Sie das Kind die Konsequenzen spüren. Sagen Sie z.B.: »Ich finde es schlimm, dass

du etwas genommen hast, das dir nicht gehört. Du bringst das jetzt sofort zurück und entschuldigst dich.«

Der kleine Ladendieb

Sandra und Dirk Berghoff waren noch nie mit dem Gesetz in Konflikt geraten und hatten noch kein Gefängnis von innen gesehen. Natürlich wollten sie auch nicht, dass ihr vierjähriger Sohn Benjamin je eingesperrt würde. Aber wenn er damit weitermachte, im Supermarkt Kaugummis, Bonbons oder Spielsachen zu stehlen, die ihm verlockend erschienen, sahen sie schwarz für seine Zukunft.

»Weißt du nicht, dass es falsch ist, zu stehlen?«, herrschte Frau Berghoff Benjamin an. Sie hatte schon Angst davor, ihren Sohn überhaupt zum Einkaufen mitzunehmen, weil sie sowohl die Peinlichkeit seines Verhaltens fürchtete als auch die Missstimmung, die durch ihr Schimpfen und seine trotzige Reaktion entstand.

Benjamin war sich der Gründe, warum das Stehlen verboten war, gar nicht bewusst. Und er verstand deshalb natürlich auch die Wut seiner Mutter nicht. Also beschlossen die Berghoffs, ihm die Zusammenhänge auf leicht verständliche Art zu erklären.

»Benjamin, man darf nicht einfach Dinge mitnehmen, die man nicht bezahlt hat«, fing Dirk Berghoff an. »Du musst mich fragen, ob du eine Tüte Bonbons haben darfst. Wenn ich ›Ja‹ sage, darfst du dir die Tüte nehmen und sie in der Hand behalten, bis wir sie bezahlt haben. Lass uns das üben.«

Benjamin gehorchte nur zu gern, denn wenn er nun um Bonbons bat, wie es die Regel vorsah, lobten ihn seine Eltern und bezahlten sie für ihn.

Aber die Berghoffs sagten nicht zu jedem von Benjamins Wünschen »Ja«. Als Benjamin deshalb versuchte, einen Schokoriegel einzustecken, den ihm seine Mutter verwehrt hatte, setzte Frau Berghoff ihre zweite Regel durch, indem sie ihn für seinen Fehler büßen ließ. »Weil du diesen Schokoriegel einfach genommen hast«, sagte sie zu ihrem Sohn, während sie in den Laden zurückgingen, »musst du mir jetzt die Spielzeug-Schokolade dafür geben, die du zu Hause in deinem Kaufmannsladen hast.«

Egal, wie sehr Benjamin protestierte, Sandra Berghoff nahm ihm tatsächlich sein geliebtes Spielzeug weg. »Um dir das Spielzeug wieder zu verdienen«,

erklärte sie, »musst du dich an die Regel halten, mich immer erst zu fragen und dir nicht einfach zu nehmen, was du willst.«
Nach einiger Zeit, in der sie Benjamin immer wieder gelobt hatte, weil er die Regeln befolgte, gab Frau Berghoff ihm seine Spielzeug-Schokolade zurück. Die neuen Regeln begannen zu greifen.

Stören

Weil die Aufmerksamkeit der Eltern das wertvollste Gut eines Vorschulkindes ist, wird es nichts unversucht lassen, um sie auf sich zu lenken, wenn das Telefon, die Türklingel oder ein Besucher sie ihm streitig machen. Beugen Sie den Tricks vor, die Ihr Kind ausprobieren wird, um Ihre ungeteilte Aufmerksamkeit zu erlangen, indem Sie ihm besondere Spielsachen geben, die für Zeiten reserviert sind, in denen Sie sich mit der »Konkurrenz« unterhalten. So bekommt Ihr Kind ein »Zuckerl« und ist beschäftigt, während Sie sich anderen Menschen bzw. Dingen widmen.

Wie Sie dem Problem vorbeugen

Fassen Sie sich kurz.
Die Fähigkeit Ihres Kindes, die Befriedigung seiner Wünsche auf später zu verschieben, ist begrenzt. Also unterhalten Sie sich nicht zu lange, wenn Ihr Kind neben Ihnen steht, sich langweilt und Ihre Aufmerksamkeit will.

Sorgen Sie für besonderes »Telefon-Spielzeug«.
Legen Sie besondere Spielsachen und Bastelmaterial in eine Schublade in der Nähe des Telefons. (Kinder über zwei Jahren dürfen sie selbst aussuchen.) Lassen Sie Ihr Kind nur damit spielen, während Sie telefonieren. Um die Wahrscheinlichkeit, dass es Sie unterbricht, noch weiter zu verringern, widmen Sie ihm ab und zu Ihre Auf-

merksamkeit, indem Sie es anlächeln oder ihm sagen, wie froh Sie darüber sind, dass es so schön spielt.

Wie Sie das Problem lösen

Loben Sie das Kind, wenn es Sie nicht unterbricht.
Wenn Ihr Kind Aufmerksamkeit dafür bekommt, dass es brav spielt und Sie nicht unterbricht, hat es keine Veranlassung mehr, Ihnen ins Wort zu fallen. Entschuldigen Sie sich kurz bei Ihrem Gesprächspartner und sagen Sie zu Ihrem Kind: »Danke, dass du so schön spielst. Ich bin sehr stolz auf dich, weil du dich ganz allein beschäftigst und mich in Ruhe telefonieren lässt!.«

Beziehen Sie das Kind in Unterhaltungen mit ein.
Wenn Sie Besuch von Freunden bekommen, versuchen Sie, Ihr Kind von Anfang an in die Unterhaltung mit einzubeziehen. Das verringert die Wahrscheinlichkeit, dass es Sie unterbricht, weil es sich ausgeschlossen fühlt.

Wenden Sie Großmutters Spielregel an.
Benutzen Sie einen Timer, um Ihr Kind wissen zu lassen, dass Sie bald wieder ganz für es da sein werden. Es kann sich Ihre Aufmerksamkeit verdienen und gleichzeitig Spaß dabei haben. Sagen Sie: »Wenn du zwei Minuten lang allein gespielt hast und der Timer klingelt, dann bin ich fertig mit dem Telefonieren und spiele wieder mit dir dein Lieblingsspiel.«

Tadeln Sie und geben Sie dem Kind eine Auszeit.
Weisen Sie das Kind z.B. so zurecht: »Ich kann nicht mit meiner Freundin sprechen, wenn du immer wieder dazwischenredest. Statt mich dauernd zu stören, spiel bitte mit deinen Autos oder den schönen neuen Malstiften.« Wenn Ihr Kind Sie weiterhin unterbricht, geben Sie ihm eine Auszeit.

Was Sie nicht tun sollten

Werden Sie nicht wütend und schreien Sie nicht.
Wenn Sie Ihr Kind anschreien, egal aus welchem Grund, ermutigen Sie es nur dazu, zurückzuschreien.

Fallen Sie anderen nicht ins Wort.
Und schneiden Sie vor allem Ihrem Kind nicht das Wort ab. Auch wenn Ihr Sprössling ein kleines Plappermäulchen sein sollte, zeigen Sie ihm, dass Sie praktizieren, was Sie predigen, indem Sie es nicht unterbrechen.

»Nicht jetzt, Linda!«
Immer wenn Frau Wilkens telefonierte, unterbrach ihre dreijährige Tochter Linda das Gespräch, weil sie unbedingt ein Glas Apfelsaft oder ein Spielzeug aus dem obersten Regal haben wollte. Obwohl sie sich arg gestört fühlte, erklärte Frau Wilkens ihrer Tochter bei jeder Unterbrechung ruhig: »Liebling, die Mami telefoniert. Bitte unterbrich mich jetzt nicht.« Aber Linda hörte nicht damit auf.
Eines Tages platzte Frau Wilkens der Kragen, und sie schrie: »Unterbrich mich nicht! Du bist ein böses Mädchen!« Zusätzlich gab sie ihrer Tochter einen Klaps auf den Po, um sie endlich zum Schweigen zu bringen. Aber stattdessen brach Linda in Tränen aus und schrie so laut, dass ihre Mutter das Telefonat beenden musste. In der Folge riss Frau Wilkens häufiger der Geduldsfaden, was die Lage nur verschlechterte – ein Fall von Ursache und Wirkung, den Frau Wilkens schließlich durchschaute. Sie beschloss, die Situation umzukehren. Sie würde ihrer Tochter ab sofort Aufmerksamkeit dafür schenken, dass sie sie nicht unterbrach, anstatt für ihr Stören.
Am nächsten Morgen rief Elena an und wollte wie jeden Montag ein wenig plaudern. Doch Frau Wilkens sagte ihr, sie könne jetzt nicht sprechen, weil sie gerade mit Linda spiele. Während sie dies ihrer Freundin erklärte, bemerkte sie, dass ihre Tochter mit den Sachen zu spielen begann, die Frau Wilkens in der Nähe des Telefons platziert hatte. Nachdem sie aufgelegt hatte, drückte Frau Wilkens Linda ganz fest und lobte sie: »Danke, dass

du mich nicht unterbrochen hast, während ich mit Elena gesprochen habe. Wenn du magst, darfst du ab jetzt immer diese schönen Filzstifte benutzen, während ich telefoniere.« Die Stifte übten eine besondere Faszination auf Linda aus, weil sie »Telefon-Spielzeug« hießen.
Als das Telefon das nächste Mal klingelte, sagte Frau Wilkens lächelnd. »Linda, du darfst dir das Telefon-Spielzeug holen.« Die Kleine rannte los, um die Filzstifte zu holen. Während sie sich am Telefon unterhielt, behielt Frau Wilkens Linda genau im Auge und bekräftigte ihr braves Benehmen mit einem gelegentlichen: »Du spielst aber schön! Das freut mich!«

Stress zur Schlafenszeit

Aufgeweckte Vorschulkinder versuchen oft alles, um nicht schlafen zu müssen. Sie spielen »Fang mich doch!« mit ihren Eltern, jammern und weinen oder müssen unbedingt noch ein Bilderbuch anschauen, um das verhasste Zubettgehen möglichst lange hinauszuzögern. Aber egal, was Ihr Kind dazu meint, Sie bestimmen, wann Schlafenszeit ist. Helfen Sie ihm jedoch, sich langsam darauf vorzubereiten, statt zu verlangen, dass es seinen Motor von einer Sekunde auf die andere abschaltet.

Anmerkung: Da Ihr Kind, je älter es wird, immer weniger Schlaf braucht, müssen Sie seine Schlafenszeiten regelmäßig anpassen. Jedes Kind braucht unterschiedlich viel Schlaf – auch Kinder derselben Familie. Ihr Zweijähriger benötigt vielleicht mehr oder weniger Schlaf als sein großer Bruder, als der zwei Jahre alt war.

Wie Sie dem Problem vorbeugen

Entwickeln Sie ein Ritual fürs Zubettgehen.
Beschließen Sie den Tag oder beginnen Sie den Mittagsschlaf mit ganz speziellen Momenten für Sie und Ihr Kind. Machen Sie es zur Gewohnheit, ein Gedicht oder eine Geschichte vorzulesen, damit

das Kind sich beim Zubettgehen auf etwas Besonderes freuen kann. Oder sprechen Sie miteinander über die Ereignisse des Tages.

Sorgen Sie täglich für Bewegung.
Sorgen Sie dafür, dass Ihr Kind sich tagsüber genügend bewegt, damit es abends auch körperlich müde ist. Vielleicht geht es dann sogar freiwillig ins Bett oder findet zumindest, dass es gar keine so schlechte Idee ist, jetzt zu schlafen.

Achten Sie auf rechtzeitigen Mittagsschlaf.
Lassen Sie Ihr Kind seinen Mittagsschlaf nicht erst am späten Nachmittag machen. Danach ist es unwahrscheinlich, dass es um 20 Uhr brav ins Bett geht. Legen Sie es tagsüber früh genug hin, um sicherzugehen, dass es am Abend auch wieder müde ist.

Spielen Sie mit Ihrem Kind, bevor es ins Bett geht.
Beschäftigen Sie sich mit Ihrem Kind, bevor es Zeit wird, ins Bett zu gehen. So muss es sich nicht dagegen auflehnen, schlafen zu gehen, nur um Ihre Aufmerksamkeit zu bekommen.

Halten Sie einen regelmäßigen Schlafrhythmus ein.
Stellen Sie fest, wie viel Schlaf Ihr Kind braucht, indem Sie darauf achten, wie es sich mit und ohne Mittagsschlaf verhält, und ob es besser ist, wenn es beispielsweise um 19 oder um 21 Uhr ins Bett geht. Sorgen Sie für einen regelmäßigen Schlafrhythmus und passen Sie ihn den veränderten Bedürfnissen des Kindes an, wenn es älter wird.

Wie Sie das Problem lösen

Etablieren Sie ein Timer-Ritual.
Stellen Sie den Timer eine Stunde vor der offiziellen Schlafenszeit auf fünf Minuten ein und erklären Sie Ihrem Kind, dass der Timer

ihm sagt, wann es sich fürs Bett fertig machen soll. Das verhindert Überraschungen. Wenn der Wecker klingelt, sagen Sie: »Der Timer sagt dir, dass du dich jetzt aufs Zubettgehen vorbereiten sollst. Also lass uns dich waschen und deinen Schlafanzug anziehen.« Dann stellen Sie den Timer erneut auf etwa 15 Minuten ein und sagen: »Schauen wir mal, ob wir gegen die Uhr gewinnen können.« Das gibt Ihnen die Möglichkeit, Ihr Kind zu loben, wenn es sich bemüht, rechtzeitig fertig zu werden. Geben Sie ihm jedoch genug Zeit, um die Aufgabe auch erfüllen zu können. Wenn Ihr Kind das geschafft hat, stellen Sie den Timer auf die restlichen Minuten bis zur Schlafenszeit ein und erklären: »Du hast gegen die Uhr gewonnen. Jetzt darfst du noch so lange aufbleiben und spielen, bis der Wecker wieder klingelt und uns sagt, dass es Zeit ist, schlafen zu gehen. Das Timer-Ritual hilft Ihnen und Ihrem Kind, aus dem Zubettgehen ein Spiel statt eines Kampfes zu machen.

Halten Sie sich immer an denselben Ablauf.
Da Vorschulkinder regelmäßige Abläufe beruhigend finden, lassen Sie Ihr Kind jeden Abend in derselben Reihenfolge baden, Zähne putzen und den Schlafanzug anziehen. Fragen Sie es, was als Nächstes dran ist, um dem Kind das Gefühl zu geben, dass es den Ton angibt. Halten Sie sich auch dann an den gewohnten Ablauf, wenn das Zubettgehen aus irgendeinem Grund mit Verspätung stattfindet, damit Ihr Kind lernt, was zur Schlafenszeit von ihm erwartet wird. Betonen Sie nicht, wie spät es schon ist. Erhöhen Sie einfach die Geschwindigkeit, indem Sie Ihrem Kind in den Schlafanzug helfen oder ihm etwas zu trinken bringen, aber lassen Sie keinen der üblichen Schritte ausfallen.

Belohnen Sie braves Zubettgehen.
Wecken Sie Ihr Kind mit der guten Nachricht, dass es sich gelohnt hat, brav ins Bett zu gehen. Sagen Sie: »Weil du gestern so brav schlafen gegangen bist, lese ich dir heute eine Geschichte extra vor. Welche möchtest du denn hören?«

Was Sie nicht tun sollten

Lassen Sie Ihr Kind nicht bestimmen, wann es schläft.
Bleiben Sie bei der vereinbarten Schlafenszeit, auch wenn Ihr Kind protestiert. Sagen Sie zu sich selbst: »Er weint nur, weil er nicht aufhören will zu spielen, aber ich weiß, dass er später viel ausgeruhter und fröhlicher ist, wenn er jetzt schläft.«

Schlagen oder bedrohen Sie Ihr Kind nicht.
Ihrem Kind zu drohen oder es zu schlagen, damit es ins Bett geht, kann Ängste und Albträume verursachen, ganz davon abgesehen, dass Sie sich dabei aufregen und schuldig fühlen. Durch Strafe lernt ein Kind nicht, was es besser machen kann. Benutzen Sie lieber den Timer als neutrale Autorität.

Ben muss ins Bett
Jeden Abend gab es im Haus der Lansings einen tränenreichen Kampf zwischen Vater und Sohn, sobald angekündigt wurde, dass der dreijährige Ben nun ins Bett müsse. »Aber ich bin gar nicht müde! Ich will noch aufbleiben!«, jammerte Ben, während ihn sein entnervter Vater ins Kinderzimmer schleppte. »Ich weiß, dass du nicht ins Bett willst«, antwortete Herr Lansing, »aber du wirst tun, was ich dir sage, und ich sage, dass es Zeit zum Schlafen ist!« Herrn Lansing gefiel es genauso wenig, seinen Sohn zum Zubettgehen zwingen zu müssen wie Ben selbst. Obwohl er glaubte, dass er der Herr im Haus sein sollte, war er sicher, dass es noch einen anderen Weg geben musste, um die allabendlichen Kämpfe und Tränen zu vermeiden.
Am nächsten Abend beschloss Herr Lansing, sich zusammenzureißen und dem Timer die Kontrolle über das Zubettgehen zu überlassen. Eine Stunde vor Bens Schlafenszeit stellte er den Timer auf fünf Minuten ein. »Jetzt ist es Zeit, dich fürs Bett fertig zu machen«, erklärte er seinem neugierigen Sohn. Wenn du es schaffst, bevor der Timer klingelt, stellen wir ihn noch einmal und du darfst noch so lange aufbleiben, bis er wieder klingelt.«
Ben raste los und war tatsächlich fix und fertig fürs Bett, ehe der Timer klingelte. Wie versprochen, zog Bens Vater den Wecker ein zweites Mal auf

und las Bens liebste Tiergeschichten vor, bis es wieder klingelte. »Jetzt muss ich ins Bett, oder?«, stellte Ben fest.
»Genau. Ich bin sehr stolz auf dich, weil du dir die neue Regel so schnell gemerkt hast«, antwortete sein Vater.

Stubenhockerei

In einer Welt voller Hightech-Spielzeug und Computerspiele muss Ihr Kind eigentlich nur noch die Finger – und nicht mehr die Beine – bewegen. Kleine Kinder brauchen aber körperliche Aktivität, um Muskeln und Geist zu entwickeln. Widerstehen Sie der Versuchung, sich selbst ein wenig Freizeit zu verschaffen, indem Sie Ihr Kind ständig vor einen elektronischen Babysitter setzen. Pädagogisch wertvolle Computer- und Videospiele sowie lehrreiche Kindersendungen können konstruktive Lernhilfen sein. Werden sie jedoch im Übermaß genutzt, können sie zu einer ungesunden Lebensweise führen und die Entwicklung Ihres Kindes behindern.

Anmerkung: Eine Langzeitstudie der University of Washington mit 1797 Kindern ergab, dass eine Stunde täglicher Fernsehkonsum bei Kindern unter drei Jahren negative Effekte auf deren Rechen- und Leseverständnisfähigkeit hat. Bei Drei- bis Fünfjährigen hingegen können förderliche Einflüsse im Bereich Lesen und Kurzzeitgedächtnis ausgemacht werden. Daher empfehlen die Wissenschaftler, Ein- bis Zweijährige möglichst nicht fernsehen zu lassen und bei älteren Kindern auf gehaltvolle Sendungen zu achten.

Wie Sie dem Problem vorbeugen

Schalten Sie den Fernseher aus.
Lassen Sie Kinder ab drei Jahren täglich höchstens ein bis zwei Stunden fernsehen. Auch andere Arten des Stubenhockens einzuschränken fördert Kreativität und reduziert Aggressivität.

Bewegen Sie sich!
Sportliche Aktivitäten stimulieren Körper und Geist von Kindern und Eltern. Bockspringen, Tauziehen und andere lustige Bewegungsspiele sind gut für die Muskulatur und die allgemeine Kräftigung Ihrer Kinder und sorgen überdies dafür, dass die Kleinen abends müde sind und besser schlafen können.

Fördern Sie gezielt die Kreativität.
Anstatt Ihre Vorschulkinder zu passiven Medien-Konsumenten werden zu lassen, lenken Sie ihre Aufmerksamkeit lieber darauf, Burgen zu bauen, Bilder zu malen, Collagen zu basteln, eigene Spiele zu erfinden und anderweitig kreativ zu sein. So bleiben Körper und Geist im Wachstum fit und aktiv.

Wie Sie das Problem lösen

Begrenzen Sie den Gebrauch elektronischer Medien.
Um übermäßigem Medienkonsum vorzubeugen, stellen Sie den Timer, damit Ihr Kind weiß, wann es Zeit ist, den Aus-Knopf zu drücken. Loben Sie es, wenn es sich körperlich betätigt. Sagen Sie: »Ich bin froh, dass du den Fernseher ausgemacht hast und stattdessen Schule spielst. Was unterrichtest du denn heute?«

Zeigen Sie Ihren Kindern, wie man aktiv ist.
Kinder sind talentierte Imitatoren, also müssen Sie selbst aktiv bleiben, um ihnen zu zeigen, wie das geht. Wenn Ihre Kinder sehen, wie Sie kochen, waschen, Briefe schreiben, Sport treiben, Freunde besuchen, im Garten arbeiten und mit ihnen spielen, werden sie ermutigt, ihre Zeit nicht nur vor dem Fernseher zu verbringen, sondern ebenfalls mit ihrer Umwelt zu interagieren. Wenn Ihre Kinder beim Spielen aktiv sind, weisen Sie sie auf ihr gesundes Verhalten hin, indem Sie z.B. sagen: »Schaukeln hilft euch, gesund und stark zu bleiben. Schön, dass ihr euch bewegt!«

Was Sie nicht tun sollten

Benutzen Sie den Fernseher nicht als Babysitter.
Ihrem Kind zu sagen: »Geh' fernsehen und bleib von der Küche weg, während ich koche«, ermuntert es nur dazu, zum Couchpotato zu werden. Anstatt Ihr Kind von der Küche fernzuhalten, führen Sie es lieber in die Welt des Kochens, Bratens und Backens ein, indem Sie ihm altersgerechte Aufgaben geben. Lassen Sie es z.B. Salat zupfen oder Kartoffeln waschen.

Verbieten Sie das Essen vor dem Fernseher.
Die Gewohnheit, vor dem Fernseher (unkontrolliert) zu naschen, kann dazu führen, dass Ihr Kind in eine ungute Spirale gerät: Ungesundes und unbewusstes Essen macht dick und träge – was die Stubenhockerei auf Dauer verstärkt. Naschen und Fernsehen werden zum Ersatz für »echtes«, eigenes Erleben.

Ein gewichtiges Problem
Larissa Benders Lieblingsbeschäftigung war das Fernsehen; an zweiter Stelle standen die Videospiele am Familiencomputer. Die Tatsache, dass das Mädchen auf diese Art stundenlang beschäftigt war, war sowohl gut als auch schlecht für ihre Mutter Jeanette. Der Vorteil: Jeanette konnte nach der Arbeit in Ruhe kochen, weil Larissa sich sofort auf ihre geliebten elektronischen Spielsachen stürzte, wenn sie aus dem Hort nach Hause kam. Der Nachteil: Larissas Medien-Überdosis wurde zum Gesundheitsrisiko.
Die Vierjährige liebte nicht nur das Fernsehen, sie aß auch gern dabei. Sie bettelte ihre Mutter an, die Süßigkeiten zu kaufen, die sie in der Werbung sah. Und Jeanette gab nach. Sie begann sich jedoch schuldig zu fühlen, als der Kinderarzt bemerkte, wie viel Larissa zugenommen hatte.
Leider war Larissas Vater Albert ebenfalls ein unverbesserlicher »Couchpotato«. Nach der Arbeit warf er sich aufs Sofa und schaute eine Sportsendung nach der anderen an. Eines Abends sagte Jeanette beim Abendbrot: »Larissa, mein Schatz, dein Papa und ich finden, dass wir alle zu viel fernsehen, also haben wir drei neue Regeln aufgestellt: Erstens ist nur noch eine Stunde

Fernsehen pro Tag erlaubt, und wir entscheiden gemeinsam, was wir uns ansehen. Zweitens wird auch der Computer höchstens eine Stunde täglich benutzt. Drittens essen wir nur noch im Esszimmer, und während der Mahlzeiten bleibt der Fernseher aus.«

»Aber ich will fernsehen!«, jammerte Larissa. »Was soll ich denn machen, wenn ich nicht fernsehen oder Computer spielen darf?«

»Ich habe eine Idee«, sagte Albert. »Lasst uns unser eigenes Fernsehprogramm machen. Wir verkleiden uns, erfinden Geschichten und werden Schauspieler.« »Oh, ja!«, rief Larissa begeistert. Also suchten sie an diesem Abend im ganzen Haus nach alten Kleidern für die Kostüme und bauten im Keller ein Bühnenbild auf. Sie arbeiteten so fleißig, dass Larissa ganz erschöpft war, als sie zu Bett ging. Später lud sie jede Woche ihre Freunde aus dem Kindergarten ein, um im Keller »TV-Show« zu spielen.

Jeanette sah nicht nur, wie Larissa langsam abnahm, sie bemerkte auch, wie kreativ sie wurde. Sie wollte nun lieber eine Gute-Nacht-Geschichte vorgelesen bekommen, als abends noch fernzusehen. Das kreative Spielen mit der ganzen Familie war auch eine gute Diät für Albert. Sein Bauch schrumpfte, als er begann, ein Fitnessprogramm für die eigene TV-Show zu »moderieren«.

Teilen lernen

»Meins« ist das Zauberwort für Vorschulkinder, wenn sie untereinander (und gegenüber Erwachsenen) ihr Revier verteidigen wollen. Trotz aller Konflikte, die diese fünf Buchstaben in vielen Haushalten verursachen, lösen sich die ausgeprägten Besitzansprüche der Kleinen leider nicht in Luft auf, ehe ihr Entwicklungsstand es ihnen erlaubt, dieses Verhalten abzulegen (zwischen dem dritten und vierten Lebensjahr). Legen Sie den Grundstein für ein friedliches Miteinander, indem Sie Ihr Kind immer wieder an die Regel vom Geben und Nehmen erinnern. Aber erwarten Sie nicht, dass Ihre Anregungen sofort vorbildlich umgesetzt werden. Es kann etwas dauern, bis Ihr Kind freiwillig teilt – ein viel versprechender Hinweis darauf, dass es nun bereit ist, seinen Horizont zu erweitern.

Wie Sie dem Problem vorbeugen

Reservieren Sie einige Spielsachen nur für Ihr Kind.
Ehe Kleinkinder sich das Besitz ergreifende »Meins!« und seine Folgen abgewöhnen können, sollten sie die Chance bekommen, Dinge zu besitzen. Räumen Sie die liebsten Spielsachen oder Kuscheldecken Ihres Kindes fort, wenn Freunde zum Spielen kommen, damit es nicht gezwungen wird, seine größten Schätze zu teilen. Das schafft nur unnötig Unfrieden.

Seien Sie ein gutes Vorbild.
Zeigen Sie Ihrem Kind, dass es nicht der einzige Mensch auf der Welt ist, der seine Sachen mit anderen teilen soll. Geben Sie ihm während neutraler Zeiten – also nicht, wenn es in diesem Moment gerade Ärger gibt – Beispiele dafür, wie Sie und Ihre Freunde ihren Besitz miteinander teilen. Sagen Sie: »Marlies hat sich mein Kochbuch ausgeliehen« oder: »Andi hat sich heute unseren Rasenmäher geborgt.«

Loben Sie Ihr Kind, wenn es mit anderen teilt.
Sagen Sie Ihrem Kind, wie schön es gerade teilt, wann immer es anderen erlaubt, sein Spielzeug anzufassen oder zu benutzen.

Kennzeichnen Sie ähnliche Spielsachen.
Achten Sie bei Zwillingen oder fast gleichaltrigen Geschwistern darauf, dass sie ihre Spielsachen nicht verwechseln können. Bringen Sie Namensschilder oder farbige Bändchen an, damit Ihre Kinder sich als rechtmäßige Besitzer fühlen können.

Stellen Sie Regeln für das Teilen von Spielsachen auf.
Bevor seine Freunde vorbeikommen, lassen Sie Ihr Kind wissen, was Sie beim Spielen in der Gruppe von ihm erwarten. Sagen Sie z.B.: »Wenn du ein Spielzeug weglegst, dann dürfen die anderen damit spielen. Solange du es in der Hand hast, ist es für dich reserviert.«

Wie Sie das Problem lösen

Beaufsichtigen Sie das Spiel von Ein- bis Zweijährigen.
Weil man von Kindern unter drei noch nicht erwarten kann, dass sie mit anderen teilen, bleiben Sie besser in der Nähe, wenn sie spielen, um Konflikte zu lösen, die sie noch nicht allein bewältigen können.

Benutzen Sie den Timer.
Wenn zwei Kinder ein Spielzeug für sich beanspruchen, zeigen Sie ihnen, wie das Prinzip von Geben und Nehmen funktioniert. Sagen Sie dem einen Kind, dass das andere Kind das Spielzeug bekommt, sobald der Timer klingelt. Benutzen Sie den Timer so lange, bis die Kinder das Interesse an dem Spielzeug verlieren.

Geben Sie Spielsachen eine Auszeit.
Wenn ein bestimmtes Spielzeug zu Reibereien führt, weil ein Kind es partout nicht teilen will, geben Sie dem Spielzeug eine Auszeit, um es außer Reichweite zu bringen. Sagen Sie: »Dieses Auto macht wirklich nur Ärger. Es braucht jetzt eine Auszeit.« Wiederholen Sie die Prozedur, bis klar ist, dass niemand das Auto bekommt, solange nicht geteilt wird.

Was Sie nicht tun sollten

Regen Sie sich nicht auf.
Denken Sie daran, dass Ihr Kind lernen wird, zu teilen, sobald es von seiner Entwicklung her dazu bereit ist. Wenn Sie sehen, wie Ihr Kind freiwillig etwas abgibt, wissen Sie, dass es soweit ist!

Bestrafen Sie Ihr Kind nicht, wenn es ab und zu nicht teilt.
Hat Ihr Kind manchmal Probleme mit dem Teilen, dann räumen Sie lieber das umkämpfte Spielzeug weg, als Ihr Kind zu bestrafen. So geben Sie dem Spielzeug die Verantwortung, nicht dem Kind.

»Meins!«

Der dreijährige Carsten Schmidt glaubte zu wissen, was »teilen« bedeutete, nämlich, dass sein Spielzeug nicht mehr ihm gehörte, wenn sein Freund David zum Spielen kam. »Du musst teilen!«, sagte Carstens Mutter, als sich ihr Sohn wieder einmal an seine Sachen klammerte und immer »Meins!« sagte, wenn seine Mutter ihn ermahnte: »Na los, Carsten, gib David auch mal etwas ab.«

Eines Tages schrie Frau Schmidt erzürnt: »Ich werde alle deine Spielsachen ins Waisenhaus bringen, wo die armen Kinder sie zu schätzen wissen«, während sie Carsten heftig schüttelte, bis er unter Tränen sein Spielzeug herausrückte. Als Carsten im Bett war, erzählte Frau Schmidt ihrem Mann: »Carsten weiß einfach nicht, wie man teilt.« Diese einfache Bemerkung warf ein ganz neues Licht auf das Problem. Den Schmidts wurde klar, dass sie Carsten beibringen mussten, was es bedeutete, zu teilen.

Als Carstens Cousins und Cousinen das nächste Mal zu Besuch kamen, nahm Frau Schmidt ihren Sohn beiseite und sagte: »Carsten, es gibt eine neue Spielregel. Jeder darf mit allem spielen, was gerade kein anderes Kind in der Hand hat. Wenn du oder Mike oder Marion ein Spielzeug in der Hand halten, dann darf es niemand wegnehmen. Jeder von euch darf immer nur mit einem Spielzeug spielen.« Sie erlaubte Carsten auch, ein Lieblingsspielzeug auszusuchen, das nur ihm allein gehören sollte.

Die nächsten paar Stunden wurden anstrengend für Frau Schmidt, denn sie beaufsichtigte die Kinder. Aber Carsten schien viel entspannter zu sein. Er nahm sich tatsächlich immer nur ein Spielzeug und ließ auch die anderen an die Spielzeugkiste heran. »Ich bin sehr stolz auf dich, weil du so schön teilst«, lobte ihn seine Mutter.

Doch als sie in die Küche ging, um das Mittagessen vorzubereiten, rief sie das vertraute »Meins!« rasch ins Kinderzimmer zurück. Marion und Carsten versuchten, sich gegenseitig die neue sprechende Puppe zu entreißen. »Dieses Spielzeug macht nur Ärger«, sagte Frau Schmidt sachlich, »es braucht eine Auszeit.« Die Kinder starrten sich ungläubig an, als sie die arme Puppe Betsy einsam auf dem Auszeit-Stuhl sitzen sahen wie ein ungezogenes Baby. Nach zwei Minuten gab Frau Schmidt den Kindern das Spielzeug zurück, aber sie hatten längst das Interesse daran verloren.

Tischmanieren

Wenn Sie einem ein- bis dreijährigen Kind Nahrungsmittel geben, die es nicht mag, dann haben Sie flugs eine Riesenschweinerei am Hals – und wahrscheinlich auch auf Tisch und Fußboden. Spielt Ihr Kind mit dem Essen, statt es in den Mund zu stecken, so heißt das für gewöhnlich, dass es satt ist, auch wenn es das noch nicht sagen kann oder will. Nehmen Sie ihm konsequent den Teller weg, sobald das Essen zur Waffe oder zum Spielzeug wird, auch, wenn das Kind doch noch Hunger haben sollte. So bringen Sie ihm bei, dass Nahrung nicht zum Spielen da ist.

Wie Sie dem Problem vorbeugen

Machen Sie Ihrem Kind das Essen leichter.
Um Schwierigkeiten vorzubeugen, schneiden Sie das Essen in kleine Häppchen, die Ihr Kind leicht in den Mund stecken und kauen kann.

Halten Sie Schüsseln und Kannen außer Reichweite.
Bringen Sie Kleinkinder nicht in Versuchung, das Essen nur so zum Spaß oder Zeitvertreib umzurühren oder umzuschütten.

Lehren Sie Tischmanieren während neutraler Zeiten.
Da Ihr Kind nicht mit angeborenen Tischmanieren zur Welt gekommen ist, müssen Sie ihm zeigen, was Sie beim Essen in Restaurants oder zu Hause von ihm erwarten. Tun Sie das aber nicht gerade, wenn die ganze Familie beim Abendessen sitzt. Feiern Sie mit Ihrem Kind z.B. kleine »Dinner Partys« und lehren Sie es dabei spielerisch, den Löffel richtig zu halten, ein Tablett zu tragen, nicht mit den Fingern zu essen, Ihnen zu sagen, wann es satt ist usw. Erklären Sie Kindern unter zwei Jahren: »Sag ›Ich bin fertig‹, und dann darfst du aufstehen und spielen.«

Sprechen Sie während des Essens mit Ihrem Kind.
Wenn Sie sich bei Tisch mit Ihrem Kind unterhalten, muss es keine anderen Möglichkeiten suchen, um Ihre Aufmerksamkeit zu erregen, z.B. indem es mit Essen herumwirft.

Wie Sie das Problem lösen

Loben Sie gute Tischmanieren.
Sagen Sie Ihrem Kind immer, wenn es gerade nicht mit dem Essen herumspielt, wie sehr Sie sich darüber freuen. Sagen Sie z.B.: »Super, wie du die Erbsen mit der Gabel isst« oder: »Danke, dass du die Spagetti um die Gabel wickelst, so wie ich es dir gezeigt habe.«

Machen Sie das Spiel mit dem Essen unattraktiv.
Wenn Ihr Kind die Regeln bricht, die Sie vorher fürs Essen festgelegt haben, dann lassen Sie es die Konsequenzen spüren, um ihm zu zeigen, dass das Spielen mit dem Essen nicht akzeptiert wird. Sagen Sie z. B.: »Ich finde es schade, dass du die Hände in den Kartoffelbrei gesteckt hast. Jetzt ist das Abendessen für dich vorbei.«

Fragen Sie Ihr Kind, ob es satt ist.
Nehmen Sie nicht automatisch an, dass Ihr Kind Sie ärgern will, wenn es mit dem Essen spielt. Fragen Sie es z.B., ob es sein Schnitzel zerlegt, weil es satt ist, um ihm die Chance zu geben, sein Verhalten zu erklären (sofern es schon sprechen kann).

Was Sie nicht tun sollten

Ignorieren Sie harmlosere Spielereien bei Tisch.
Wenn es Sie ärgert, dass Ihr Kind so respektlos mit dem Essen umgeht, ist Ihr Ärger vielleicht genau die Würze, die es sich zu seiner Mahlzeit wünscht. Lassen Sie nicht zu, dass das Spiel mit dem Essen eine

Möglichkeit wird, mehr Aufmerksamkeit zu bekommen. Ignorieren Sie harmlosere Spielchen, die keinen Schaden anrichten.

Geben Sie nicht nach.
Geben Sie nicht nach, wenn Ihr Kind die Konsequenzen für das Spielen mit dem Essen nicht akzeptieren will. Sie sollten ihm immer zeigen, dass die Regeln, die Sie aufstellen, auch ernst gemeint sind.

»Kunst am Teller«
Ein Abendessen bei den Langners erinnerte mehr an ein Happening in der Kunsthochschule als an eine Mahlzeit im trauten Familienkreis. Der dreijährige Nick manschte mit dem Essen auf seinem Teller herum und spuckte alles aus, was seinen Geschmack nicht ganz traf. Seine Eltern, die dieses respektlose Spiel abscheulich fanden, versuchten, ihn zum Aufhören zu bewegen, indem sie ihn lautstark tadelten: »Mit Essen spielt man nicht!« Als sie drohten: »Wenn du das noch mal machst, musst du den Tisch verlassen!«, versuchte Nick sogar, noch mehr Erbsen ins Milchglas zu schnipsen. Ein fester Klaps brachte ebenfalls nichts. Nick aß danach ein paar Löffel und begann, Würstchen an die Zimmerpflanzen zu »verfüttern«. Als neue Strategie versuchten die Langners, vorherzusehen, wann Nick satt war. Sie passten auf, wann er unruhig wurde und nach neuen Verwendungsmöglichkeiten für seine Pommes frites suchte, und räumten dann schnell seinen Teller ab. Nicks Mutter verwendete auch täglich einige Minuten darauf, ihrem Sohn beizubringen, »Ich bin fertig« zu sagen, sobald er satt war. Nicks Eltern waren sehr erleichtert, als ganze drei Wochen ohne »Kunst am Teller« verstrichen. Doch dann beschloss Nick, Kartoffelbrei großflächig auf der Tischdecke zu verteilen. Glücklicherweise gab es für solche Fälle inzwischen eine Regel, und seine Eltern erklärten Nick gelassen: »Wenn du so eine Schweinerei anrichtest, musst du sie auch wieder sauber machen.« Anstatt ihren Sohn anzuschreien, zeigten sie ihm ganz ruhig, was er zu tun hatte. Sie schenkten Nick keinerlei Aufmerksamkeit, während er den Tisch abwischte, und nach nur drei Abenden als kleiner Putzmann fing Nick an zu sagen: »Ich bin fertig«. Er entdeckte, dass dieser Satz wahre Wunder wirkte, und freute sich sehr über die Küsse und Umarmungen seiner Eltern.

Trödeln

Weil Zeit für Kinder unter sechs Jahren noch keine Bedeutung hat, bringt es nicht viel, sie zur Eile anzutreiben. Tarnen Sie Ihr Drängen lieber als Wettlauf mit der Zeit oder lassen Sie das Kind in Ihre Arme laufen. Geben Sie keine frustrierenden Befehle, sondern spielerische Anweisungen, die Spaß machen. Vermitteln Sie Ihrem Kind das Gefühl, dass es selbst bestimmt, wie schnell oder langsam es etwas tut, damit es nicht mit Absicht herumtrödelt, um das Tempo der Ereignisse zu beeinflussen.

Dem Problem vorbeugen

Seien Sie pünktlich.
Wenn Sie selbst pünktlich sind, hilft das Ihrem Kind zu verstehen, dass es wichtig ist, Zeitvorgaben einzuhalten, und es lernt, auf andere Rücksicht zu nehmen. Wenn Sie sagen: »Wir müssen uns jetzt beeilen, damit wir deine Lehrerin nicht warten lassen«, motiviert das Ihr Kind dazu, schneller zu sein, und vermittelt ihm den Zusammenhang von Pünktlichkeit und Rücksichtnahme.

Planen Sie Wartezeiten ein.
Wenn Sie in Eile sind, kann das Warten auf Ihr Schildkrötenkind dazu führen, dass Sie die Nerven verlieren. Planen Sie daher genügend Zeit ein, um sich für Ausflüge fertig zu machen. Sie müssen verstehen, dass Bummelei typisch für jemanden ist, der keinen Stress kennt und noch die ganze Welt entdecken muss.

Machen Sie einen Zeitplan und halten Sie ihn auch ein.
Da ein Kind Konsequenz und feste Abläufe im täglichen Leben braucht und dazu neigt, mehr zu trödeln, wenn seine Routine gestört wird, sollten Sie Zeitlimits setzen und einen regelmäßigen Tagesablauf aus Essen, Spielen, Baden und Schlafen etablieren.

Wie Sie das Problem lösen

Machen Sie es dem Kind leicht, sich zu beeilen.
Stellen sie motivierende Fragen und spielen Sie einfache Spiele, um die Eile zu verbergen. Ermuntern Sie Ihr Kind beispielsweise dazu, sich fertig zu machen, indem Sie es raten lassen, was die Oma wohl Schönes bereithält. Oder lassen Sie das Kind in Ihre Arme laufen, wenn Sie möchten, dass es schneller die Ausfahrt herunter zum Auto kommt.

Spielen Sie »Wettlauf mit der Zeit«.
Kinder sind immer schneller, wenn sie versuchen, gegen die Stoppuhr zu gewinnen, als wenn sie das Gefühl haben, tun zu müssen, was Sie möchten. Sagen Sie: »Lass uns mal sehen, ob du es schaffst, fertig angezogen zu sein, ehe der Timer klingelt.«

Loben Sie die Aktivität genauso wie das Ergebnis.
Motivieren Sie Ihr Kind, eine Aufgabe zu Ende zu bringen, indem Sie es bereits auf dem Weg dorthin ermutigen – z.B. indem Sie sagen: »Ich finde es ganz toll, dass du dich so schnell anziehst«, statt zu warten, bis es fertig ist, und nur zu bemerken: »Schön, dass du dich angezogen hast.«

Führen Sie Ihr Kind.
Sie müssen Ihr Kind vielleicht buchstäblich bei der Hand nehmen und es physisch an seine jeweilige Aufgabe heranführen (sich ins Auto setzen, sich anziehen usw.), um ihm beizubringen, dass sich die Welt ohne Rücksicht auf seine Agenda weiterdreht.

Wenden Sie Großmutters Spielregel an.
Wenn Ihr Kind ziellos herumtrödelt, wenden Sie Großmutters Spielregel an, um Ihrem Kind einen Anreiz für Schnelligkeit zu geben. Sagen Sie z.B.: »Wenn du dich fertig angezogen hast, darfst du mit deiner Eisenbahn spielen.«

Was Sie nicht tun sollten

Verlieren Sie nicht die Kontrolle.
Wenn Sie es eilig haben, Ihr Kind aber nicht, dann verschwenden Sie nicht noch mehr Zeit, indem Sie seiner Trödelei Aufmerksamkeit schenken, indem Sie nörgeln oder es anschreien, dass es schneller machen soll. Ihr Ärger fördert in den meisten Fällen nur das lässige Tempo Ihres Kindes.

Trödeln Sie nicht selbst.
Wenn Sie Ihr Kind zum Weggehen fertig machen, nur um es dann auf Sie warten zu lassen, zeigt ihm das, dass Sie nicht wirklich meinen, was Sie sagen. Verkünden Sie z.B. nicht, dass Sie jetzt zur Oma fahren, wenn Sie selbst noch nicht fertig sind.

Anja trödelt
Die dreijährige Anja hatte eine Vorliebe dafür, Grashalme zu untersuchen oder mit ihren Schnürsenkeln zu spielen, statt zu tun, was gerade nötig war. Großmutter Irene, die oft auf sie aufpasste, machte es keinen Spaß, immer schimpfen zu müssen. »Trödel nicht herum!«, sagte sie energisch, aber Anja nahm die Aufforderung scheinbar gar nicht wahr.
Großmutter Irene sprach mit ihrer Tochter. Diese riet ihr, Anja zu loben, wenn sie nicht trödelte, und sie zu ignorieren, wenn sie es tat. Sie empfahl ihr auch, Anja zu belohnen, wenn sie sich beeilte, was Großmutter Irene leicht fiel, denn sie machte ihren Enkeln gern Geschenke.
»Ich freue mich, dass du heute vor mir an der Tür bist«, sagte Großmutter Irene zu Anja, als die schneller als üblich zum Kindergarten aufbrach. Als Anja immer langsamer wurde, je näher sie dem Ziel kamen, beschloss ihre Großmutter, sie zu ermutigen, anstatt sich zu beschweren. »Wenn du den Weg hinaufgelaufen bist, ehe ich bis fünf gezählt habe, bekommst du den Kamm, den du in meiner Handtasche gesehen hast.« Anja sauste los.
Großmutter Irene hielt ihr Versprechen. Anja musste zwar noch immer überredet werden, sich etwas flotter anzuziehen, aber Großmutter Irene hatte wieder Spaß mit ihrer Enkelin.

Umgang mit Fremden

»Nimm keine Süßigkeiten von Fremden an.« Diese Ermahnung geben Millionen von Eltern ihren Vorschulkindern mit auf den Weg. Dies ist natürlich berechtigt. Kinder müssen genauso lernen, mit Fremden umzugehen, wie mit Verwandten, Freunden und Bekannten. Nehmen Sie aber Ihrem Kind die Angst vor Fremden, indem Sie ihm beibringen, in Ihrer Gegenwart freundlich zu Menschen zu sein, die es nicht kennt. Lehren Sie es gleichzeitig, wie es reagieren soll, wenn es einem Fremden allein begegnet. Sie und Ihr Kind werden sich auf diese Weise sicherer fühlen.

Wie Sie dem Problem vorbeugen

Stellen Sie Regeln auf.
Erklären Sie Ihrem Kind die Regeln zum Umgang mit Fremden. Eine grundsätzliche Regel könnte lauten: »Wenn ich bei dir bin, dann darfst du dich freundlich mit Fremden unterhalten. Aber wenn ich nicht dabei bin, dann sprich nicht mit Fremden. Wenn dich ein Fremder bittet, mit ihm zu kommen, oder wenn er dir etwas schenken will, dann sag ›Nein!‹, laufe zum nächsten Haus und läute an der Tür.«

Üben Sie das Befolgen der Regeln.
Tun Sie so, als seien Sie ein Fremder, und bitten Sie Ihr Kind, sich den vereinbarten Regeln entsprechend zu verhalten. Proben Sie viele verschiedene Szenarien: Bieten Sie beispielsweise verlockende Süßigkeiten oder Geschenke an, fragen Sie, ob Ihr Kind ein Stück im Auto mitfahren oder beim Suchen eines angeblich verschwundenen Haustieres helfen möchte usw. Achten Sie darauf, dass Ihr Kind verinnerlicht, welche Reaktion Sie von ihm erwarten. Üben Sie diese Gefahren-Situationen so lange, bis es gar nicht mehr überlegen muss, bevor es »Nein« sagt.

Wie Sie das Problem lösen

Erinnern Sie Ihr Kind an die Regeln und loben Sie es.
Wenn Ihr Kind in Ihrer Gegenwart einen Fremden freundlich grüßt, zeigen Sie Ihre Zustimmung, indem Sie sagen: »Schön, dass du so freundlich bist! Jetzt sag mir, was du machen würdest, wenn ich nicht dabei wäre.« Loben Sie Ihr Kind, wenn es sich an die Regel erinnert.

Was Sie nicht tun sollten

Flößen Sie Ihrem Kind keine Angst ein.
Bringen Sie Ihrem Kind die Regeln über den Umgang mit Fremden bei, um die Gefahr zu minimieren, dass es belästigt wird. Lehren Sie es jedoch nicht, sich vor anderen Menschen zu fürchten, so bringen Sie es nur durcheinander. Es muss blitzschnell reagieren können, wenn Fremde in seine Privatsphäre eindringen. Wenn das Kind aber verängstigt ist, verliert es seine Fähigkeit, sich rational zu verhalten.

Sorgen um Kevins Sicherheit
»Wie können wir unserem Sohn beibringen, freundlich zu sein, und gleichzeitig für seine Sicherheit sorgen, wenn wir nicht bei ihm sind?« Das war die große Herausforderung, der die Dörings sich stellen mussten, um ihre Sorge um ihren ausgesprochen zutraulichen Sohn Kevin zu mildern. »Eines Tages missbraucht vielleicht jemand deine Freundlichkeit«, erklärten sie ihm, »also sprich nicht mit Fremden.«
Der Dreieinhalbjährige verinnerlichte die Anweisungen so sehr, dass er schließlich eine panische Angst vor Fremden entwickelte. Er wolle keine Fremden sehen, erklärte Kevin seiner Mutter, weil die so gefährlich seien.
Die Dörings waren frustriert, weil ihre gut gemeinten Ratschläge sich ins Gegenteil verkehrt hatten. Schließlich wurde ihnen klar, dass Kevin nicht begriffen hatte, dass es einen Unterschied machte, ob er Fremde nur freundlich grüßte oder Geschenke von ihnen annahm oder sogar mit ihnen mitging.

Kevin konnte das nicht verstehen, weil die Dörings ihm gar keine Chance dazu gegeben hatten.
»Fremde können dir wehtun, wenn du mit ihnen mitgehst oder Geschenke von ihnen annimmst«, erklärte Frau Döring deshalb ihrem Sohn. »Es gibt eine neue Regel: Wenn ich dabei bin, darfst du sprechen, mit wem du willst. Aber wenn ich nicht da bin und jemand dir etwas schenken will oder möchte, dass du mitkommst, dann ignorierst du diese Person und gehst zum nächsten Haus oder zum nächsten Erwachsenen in einem Geschäft.« Die Dörings übten diese Regel mit Kevin im Einkaufszentrum und probten seine Reaktionen, wenn seine Mutter oder sein Vater »Fremde« spielten.
Kevin begriff und lernte, wieder freundlich zu sein, wenn seine Eltern dabei waren, sowie Fremde zu ignorieren, wenn er allein war. Natürlich hörten die Dörings nie ganz auf, sich Sorgen um Kevins Sicherheit zu machen. So ließen sie ihn den Umgang mit Fremden von Zeit zu Zeit wieder üben, um sicherzugehen, dass er das richtige Verhalten nicht vergessen hatte.

Ungeduld

Da Geduld keine angeborene Tugend ist, muss man kleinen Kindern die Kunst beibringen, auf die Erfüllung ihrer Wünsche zu warten. Weil Sie mehr Erfahrung haben und wissen, was das Beste für Ihr Vorschulkind ist, können Sie besser entscheiden, wann es das tun darf, was es möchte, und welche Bedingungen zuvor noch erfüllt werden müssen. Erklären Sie diese Bedingungen deutlich. Und zeigen Sie Ihrem Kind, dass es sich auch für Sie lohnt, Geduld zu haben. Sagen Sie z.B.: »Es ist mir nicht angenehm, dass wir noch warten müssen, bis wir neue Möbel fürs Esszimmer kaufen können, aber wenn wir fleißig Geld sparen, können wir sie uns schon bald leisten.«
Ihr Kind ist gerade erst im Begriff zu entdecken, dass sich die Welt nicht immer nur um seine eigenen Wünsche dreht, doch es ist nie zu früh, zu lernen, mit dieser oft frustrierenden Erkenntnis im Leben umzugehen.

Wie Sie dem Problem vorbeugen

Erklären Sie, wie man Wartezeiten ausfüllen kann.
Stellen Sie Bedingungen, die Ihr Kind erfüllen muss, bevor es seinen Willen bekommt, und machen Sie ihm Vorschläge, wie es sich die Wartezeit verkürzen kann. Sagen Sie z.B.: »Wenn du zehn Minuten mit deinen Legosteinen gespielt hast, fahren wir zur Oma.«

Wie Sie das Problem lösen

Ermutigen Sie Ihr Kind, geduldig zu sein.
Belohnen Sie das kleinste Zeichen von Geduld, indem Sie dem Kind sagen, wie froh Sie sind, dass es gewartet hat. Dies lehrt Ihr Kind, dass es sehr wohl die Fähigkeit besitzt, seine Bedürfnisse zurückzustellen, auch wenn ihm das noch nicht bewusst ist.

Bleiben Sie so gelassen wie möglich.
Wenn Ihr Kind sich beschwert, weil es warten muss oder seinen Willen nicht durchsetzen kann, erinnern Sie sich daran, dass es gerade eine wertvolle Lektion fürs Leben lernt: die Kunst, Geduld zu haben. Sieht das Kind, dass Sie auch geduldig sind, dann wird es bald lernen, dass es schneller ans Ziel seiner Wünsche gelangt, wenn es zuerst seine Pflicht erfüllt, als wenn es immer nur quengelt.

Vermeiden Sie ein knappes »Nein«.
Wann immer es möglich und sicher ist, lassen Sie Ihr Kind seinen Willen durchsetzen. Geben Sie ihm nicht das Gefühl, dass seine Wünsche sowieso nie erfüllt werden. Sagen Sie stattdessen z.B.: »Wenn du dir die Hände gewaschen hast, kannst du einen Apfel haben.« Natürlich müssen Sie manchmal »Nein« sagen (wenn Ihr Kind z.B. mit dem Rasenmäher spielen will). Versuchen Sie dann, ihm andere Spielmöglichkeiten anzubieten, um seine Wünsche zu befriedigen und seinen Sinn für Kompromisse zu fördern.

Was Sie nicht tun sollten

Verlangen Sie nicht, dass Ihr Kind etwas »sofort« tut.
Wenn Sie verlangen, dass Ihr Kind immer sofort tut, was Sie von ihm wollen, dann widerspricht das der Lektion, die Sie ihm beibringen wollen. Wenn Sie möchten, dass Ihr Kind keine sofortigen Resultate verlangt, dann sollten Sie das auch nicht tun.

Belohnen Sie Ungeduld nicht.
Geben Sie nicht jeder Laune Ihres Kindes nach. Auch wenn es verlockend ist, um einen Machtkampf oder einen Wutanfall zu vermeiden, verschlimmert ständiges Nachgeben nur die Ungeduld Ihres Kindes und verhindert, dass es abzuwarten lernt.

Machen Sie deutlich, dass Quengeln nicht hilft.
Auch wenn es beim Warten stöhnt und jammert, achten Sie darauf, dass Ihr Kind weiß, dass Sie nur deswegen ins Auto steigen, weil Sie bereit sind und Ihre Aufgaben erledigt haben, und nicht etwa, weil sein Gequengel erfolgreich war. Sagen Sie: »Ich bin jetzt mit dem Abwasch fertig. Wir können gehen.«

»Ich will aber jetzt!«
»Trinken, jetzt!«, drängelte und jammerte die zweijährige Elise Randolph jedes Mal, wenn sie Durst hatte. Sobald sie sah, dass ihre Mutter ihrem kleinen Bruder Justus sein Fläschchen gab, wollte sie auch eines – und zwar jetzt und sofort.
»Ich kann jetzt nicht. Du musst noch ein bisschen warten!«, antwortete ihre Mutter, der langsam der Geduldsfaden riss.
Elise verlangte so oft, auf den Schoß genommen zu werden, Spielsachen oder etwas zu trinken zu bekommen, dass Frau Randolph schon den Moment fürchtete, wenn ihre Tochter den Raum betrat, während sie noch mit etwas anderem beschäftigt war. Als Elise anfing, Justus das Fläschchen, die Spielsachen und die Decken wegzunehmen, während sie »Meins!« sagte, wurde Frau Randolph klar, dass sie das Problem in den Griff bekom-

men musste. Sie verkündete eine neue Regel, die »Großmutters Spielregel« hieß, und erklärte Elise: »Wenn du tust, worum ich dich bitte, dann darfst du danach tun, was du möchtest. Das ist die neue Regel.«

Am Nachmittag bestand Elise darauf, nur zehn Minuten nach dem letzten Glas schon wieder etwas zu trinken. Frau Randolph sagte mit Nachdruck: »Wenn du deine Schuhe angezogen hast, kannst du etwas Apfelsaft haben.« Elise war es gewohnt, ein »Nein« zu hören und dann einen Wutanfall hinzulegen, bis die Mutter nachgab. Also ignorierte sie die neue Regel und bettelte weiter: »Aber ich hab so einen schrecklichen Durst!«

Ihr Anfall brachte ihr diesmal nicht nur nichts zu trinken ein, sondern veranlasste Frau Randolph dazu, ihre Tochter komplett zu ignorieren. Das frustrierte Mädchen zog schließlich die Schuhe an, um zu sehen, ob ihm das die gewünschte Aufmerksamkeit (und ein Glas Saft) sichern würde. Sie war überrascht und erfreut, als es klappte.

Elise lernte schnell, dass ihre Mutter es ernst meinte, weil sie niemals von Großmutters Spielregel abwich. Wenn Elise ihren Teil der Abmachung erfüllte, lobte Frau Randolph sie mit Kommentaren wie: »Ich bin so froh, dass du den Tisch abgeräumt hast, mein Schatz. Du darfst jetzt zum Spielen nach draußen gehen.«

Ungehorsam

Vorschulkinder lieben es, Grenzen auszuloten. Sind die Warnungen der Eltern wirklich ernst gemeint? Lassen sich die Regeln umgehen? Wie genau müssen Anweisungen befolgt werden? Sorgen Sie dafür, dass Ihr Kind beim Erforschen der Erwachsenenwelt gleichbleibende Resultate erzielt. Beweisen Sie Ihrem Kind, dass Sie meinen, was Sie sagen, damit es sicher sein kann, was es von den Erwachsenen zu erwarten hat. Die Tatsache, dass Sie die Regeln aufstellen und durchsetzen, mag Ihrem Kind diktatorisch erscheinen, aber allem Protest zum Trotz wird es sich sicherer fühlen, wenn es weiß, dass es auf der Reise in die Welt der großen Leute unverrückbare Grenzen und feste Regeln gibt.

Wie Sie dem Problem vorbeugen

Loten Sie die Grenzen Ihres Kindes aus.
Ihr Vorschulkind kann sich, abhängig von seinem Entwicklungsstand, nur an eine bestimmte Anzahl von Anweisungen erinnern und sie befolgen. Um die Grenzen Ihres Kindes auszuloten, geben Sie ihm eine einfache Aufgabe, dann zwei, dann drei. Ein Beispiel: »Bitte heb das Buch auf, leg es auf den Tisch und setz dich dann zu mir.« Wenn Ihr Kind alle drei Aufgaben in der richtigen Reihenfolge erledigt, dann wissen Sie, dass es drei Anweisungen im Gedächtnis behalten kann. Kennen Sie seine Grenzen, so warten Sie ab, bis das Kind etwas älter ist, ehe Sie ihm kompliziertere Aufgaben geben.

Lassen Sie Ihr Kind so viel wie möglich selbst machen.
Ihr Kind wird darum kämpfen, eigene Entscheidungen treffen zu dürfen, weil es seinen Willen durchsetzen und die Kontrolle über sein Leben erlangen will. Wann immer es möglich ist, sollten Sie ihm daher die Möglichkeit geben, seine Entscheidungsfähigkeit zu entwickeln und sein Selbstvertrauen zu stärken. Je mehr es selbst unter Kontrolle zu haben glaubt, desto leichter fällt es dem Kind, Anweisungen entgegenzunehmen.

Verzichten Sie auf überflüssige Regeln.
Denken Sie über den Sinn einer Regel nach, ehe Sie sie in Stein meißeln. Ihr Kind braucht so viel Freiraum wie möglich, um Selbstständigkeit und Selbstvertrauen zu entwickeln.

Wie Sie das Problem lösen

Geben Sie einfache und positive Anweisungen.
Formulieren Sie so klar wie möglich, was Ihr Kind tun soll. So kann es Ihren Anweisungen leichter folgen. Versuchen Sie, nicht zu kritisieren, was es getan hat, sondern machen Sie Vorschläge, wie es

etwas besser machen kann. Sagen Sie z.B.: »Bitte heb jetzt deine Spielsachen auf und leg sie in die Kiste«, statt: »Warum vergisst du ständig, deine Spielsachen aufzuräumen?«

Loben Sie Ihr Kind, wenn es folgsam ist.
Belohnen Sie Ihr Kind, indem Sie loben, wie gut es eine Aufgabe gemeistert hat. Überdies zeigen Sie ihm, wie man die Leistung anderer anerkennt, indem Sie sagen: »Danke, dass du getan hast, worum ich dich gebeten habe.«

Führen Sie den Countdown ein.
Machen Sie es zur Regel, dass Ihr Kind spätestens dann mit einer Aufgabe beginnen muss, wenn Sie von fünf heruntergezählt haben. Das macht ihm den Gedanken erträglicher, sein Spiel unterbrechen zu müssen, um zu tun, was Sie von ihm wollen. Sagen Sie: »Bitte räum jetzt deine Spielsachen auf. Fünf-vier-drei-zwei-eins.«

Ermutigen Sie Ihr Kind bei seinen Fortschritten.
Feuern Sie Ihr Kind an, während es erste Schritte unternimmt, eine Aufgabe zu erfüllen. Sagen Sie: »Es ist ganz toll, wie du aufstehst und deine Spielsachen wegräumst.«

Wenden Sie Großmutters Spielregel an.
Kinder befolgen Anweisungen lieber, wenn sie wissen, dass sie danach tun dürfen, worauf sie Lust haben. Sagen Sie z.B.: »Wenn du die Bücher aufgeräumt hast, darfst du fernsehen.«

Üben Sie das Folgsam-Sein.
Wenn Ihr Kind nicht auf Sie hört, dann finden Sie heraus, ob es das nicht will oder nicht kann, indem Sie es Schritt für Schritt bei seiner Aufgabe begleiten. Nehmen Sie es bei der Hand und loben Sie seine Fortschritte. Wenn Sie entdecken, dass das Kind der Aufgabe sehr wohl gewachsen ist, aber einfach keine Lust dazu hat, sagen Sie: »Es ist schade, dass du mir nicht gehorchst. Jetzt müssen wir das

üben.« Geben Sie dem Kind dann die Chance, die Aufgabe allein zu erledigen. Weigert es sich immer noch, sagen Sie: »Es sieht so aus, als bräuchtest du noch etwas mehr Übung. Wenn du fertig bist, darfst du spielen gehen.«

Was Sie nicht tun sollten

Geben Sie nicht nach, wenn Ihr Kind Widerstand leistet.
Sagen Sie sich: »Ich weiß, dass es nicht auf mich hören will, aber ich habe mehr Erfahrung und weiß, was gut für mein Kind ist. Ich muss ihm das beibringen, indem ich ihm klare Anweisungen gebe, damit es schließlich selbstständig und unabhängig wird.«

Bestrafen Sie Ihr Kind nicht für seinen Ungehorsam.
Ihrem Kind beizubringen, wie es etwas tun soll, anstatt es dafür zu bestrafen, was es nicht getan hat, ist förderlicher für sein Selbstwertgefühl und lenkt die Aufmerksamkeit nicht auf sein »Versagen«, sondern auf das Erfüllen einer Aufgabe.

»Tu, was ich dir sage!«
Der viereinhalbjährige Axel Helmert kannte das Abc, konnte bis zehn zählen und fing sogar schon an, manche Wörter in seinen Lieblingsbüchern zu entziffern. Nur was sich seine Mutter am meisten wünschte, konnte er ganz offensichtlich nicht: auf sie hören.
Täglich gab Axels Mutter ihm leichte Aufgaben wie: »Axel, heb bitte deine Spielsachen auf und leg deine schmutzigen Sachen in den Wäschekorb.« Axel schaffte ungefähr die Hälfte der ersten Aufgabe und schon hatte er vergessen, was er noch tun sollte.
»Wie oft soll ich dir noch sagen, was du tun sollst?«, herrschte ihn seine frustrierte Mutter an. »Du hörst nie auf mich. Du verstehst wohl gar nicht, was ich dir sage!« Das setzte sich so fort, bis Axel eines Tages zurückschrie: »Ich kann das aber nicht!« Seine Mutter nahm ihn ernst. Sie beschloss, ihre Anweisungen auf eine einfache Bitte zu reduzieren. »Axel, bitte bring mir

deine Stiefel«, sagte sie nur. Axel ging schnurstracks zum Schuhschrank und brachte sie seiner Mutter, die begeistert in die Hände klatschte. »Vielen Dank!« Eine Weile später bat sie ihn, seinen Mantel anzuziehen. Als Axel das tat, lobte sie ihn wieder.
Axels Mutter war sehr froh darüber, dass sie aufhören konnte, ihren Sohn auszuschimpfen. Sie sah ein, dass es wichtig war, auf Axels Gefühle zu achten, um besser mit ihm klarzukommen. Langsam erhöhte sie die Zahl der Anweisungen an ihren Sohn und wartete ab, bis er zwei Aufgaben erledigen konnte, ehe sie ihm drei auf einmal gab. Ihre klare Ausdrucksweise und Großmutters Spielregel halfen ihr dabei, den Kampf gegen den Ungehorsam zu gewinnen.

Unordnung

Kleine Leute können große Unordnung anrichten, und zum Leidwesen ihrer Eltern nehmen Kleinkinder das Durcheinander, das sie anrichten, meist nicht einmal wahr. Da Ihr Kind nicht absichtlich unordentlich ist, sondern ihm die Notwendigkeit aufzuräumen, einfach nicht bewusst ist, sollten Sie ihm – je früher, desto besser – beibringen, dass Unordnung nicht einfach von Geisterhand verschwindet, sondern, dass derjenige sie beseitigen muss, der sie angerichtet hat. Lehren Sie Ihr Kind diese Lektion fürs Leben, aber erwarten Sie nicht, dass es sie sofort umsetzt. Ermuntern Sie es vielmehr zu Sauberkeit und Ordnung, indem Sie schon die kleinsten Versuche loben.

Wie Sie dem Problem vorbeugen

Erziehen Sie Ihr Kind von Anfang an zur Ordnung.
Bringen Sie dem Kind bei, seine Sachen direkt nach dem Spielen wieder aufzuräumen, um die Unordnung in Grenzen zu halten. Sorgen Sie dafür, dass dies schon früh zur Gewohnheit wird.

Zeigen Sie Ihrem Kind, wie es aufräumen soll.
Besorgen Sie Schachteln und andere Behälter, die groß genug sind, damit Ihr Kind seine Spielsachen darin verstauen kann. Zeigen Sie ihm, wie man die Kisten einräumt und wo sie hinkommen, sobald sie voll sind. So weiß Ihr Kind genau, was Sie meinen, wenn Sie es bitten, etwas auf- oder wegzuräumen.

Drücken Sie sich möglichst genau aus.
Statt Ihr Kind nur darum zu bitten, sein Zimmer aufzuräumen, sagen Sie ihm ganz genau, was Sie von ihm möchten, z.B.: »Lass uns die Kreide in den Eimer und die Bauklötze in die Kiste tun.« Machen Sie es dem Kind so einfach wie möglich, Ihren Anweisungen zu folgen.

Geben Sie Ihrem Kind das richtige Putzzeug.
Erwarten Sie nicht, dass Ihr Kind von sich aus weiß, womit es eine »Schweinerei« am besten beseitigen kann. Geben Sie ihm z.B. den richtigen Lappen, um den Tisch abzuwischen. Achten Sie darauf, alle Putzversuche zu loben, auch wenn sie noch nicht so gut gelingen.

Erlauben Sie kreatives Klecksen nur an sicheren Orten.
Vermeiden Sie mögliche Katastrophen, indem Sie Ihr Kind nur an dafür geeigneten Orten mit problematischen Materialien (Fingerfarben, Ton, Kreide, Filzstifte usw.) spielen lassen. Sie können nicht erwarten, dass es Rücksicht auf den hellen Wohnzimmerteppich nimmt, wenn Sie es dort mit Fingerfarben experimentieren lassen.

Wie Sie das Problem lösen

Wenden Sie Großmutters Spielregel an.
Wenn Ihr Kind sich weigert, das Chaos, das es angerichtet hat, wieder aufzuräumen, dann machen Sie sein weiteres Vergnügen davon abhängig. Sagen Sie z.B.: »Ja, ich weiß, dass du deine Legosteine

nicht aufräumen willst. Aber nachdem du es getan hast, darfst du zum Spielen nach draußen gehen.« Denken Sie daran, dass Ihr Kind schon mit einem Jahr ein kleines bisschen beim Aufräumen helfen kann. Es soll sein Bestes versuchen, egal auf welchem Niveau, und sich dann langsam an schwierigere Aufgaben wagen.

Arbeiten Sie zusammen.
Aufräumen mag für Muskeln und Motorik eines kleinen Kindes noch zu viel verlangt sein. Helfen Sie ihm dabei, um es zum Teilen und zur Zusammenarbeit zu motivieren – zwei Lektionen, die es als Vorschulkind unbedingt lernen sollte. Wenn es Mama und Papa beim Aufräumen sieht, macht das diese Beschäftigung außerdem gleich bedeutend interessanter.

Spielen Sie »Wettlauf mit der Zeit«.
Sogar Spielsachen wegzuräumen kann Spaß machen, wenn Ihr Kind dabei versucht, gegen die Uhr zu gewinnen. Motivieren Sie es, indem Sie sagen: »Wenn du die Sachen aufgeräumt hast, bevor der Timer klingelt, darfst du dir einen Apfel holen.«

Loben Sie Ihr Kind, wenn es versucht, Ordnung zu halten.
Ermuntern Sie Ihr Kind zum Aufräumen, indem Sie es immer wieder loben. Sagen Sie ihm z.B.: »Ich freue mich darüber, dass du die Wachsmalkreide in den Korb gelegt hast. Danke, dass du mir so schön dabei hilfst, dein Zimmer aufzuräumen.«

Was Sie nicht tun sollten

Erwarten Sie keine Perfektion.
Ihr Kind verfügt noch nicht über jahrelange Erfahrungen im Saubermachen, also erwarten Sie nicht, dass es den Job perfekt erledigt. Nur indem es das Kind versucht, wird es lernen, wie man es richtig macht. Und es wird mit der Zeit immer besser gehen.

Bestrafen Sie Ihr Kind nicht, wenn es unordentlich ist.
Ihr Kind kann die Bedeutung der Ordnung noch nicht verstehen und hat auch noch nicht die geistige Reife, um immer sauber und ordentlich zu sein. Wenn Sie es dafür bestrafen, lernt es dadurch nicht die Fähigkeiten, die es braucht, um Ordnung zu halten.

Erwarten Sie nicht, dass Ihr Kind eine Schürze umbindet.
Ihr Kind macht sich noch nichts aus gepflegter Kleidung, also stecken Sie es zum Spielen lieber in unempfindliche Klamotten, bevor Sie es auf Fingerfarben, Knetmasse oder Ähnliches loslassen.

Chaos hoch zwei
Als Eltern hatten sich Jochen und Martina Hoffmann ja schon an so manches gewöhnt – außer an das Durcheinander, das ihre fünfjährigen Zwillinge Lea und Hannah beinahe täglich anrichteten. »Brave Kinder räumen ihre Spielsachen auf«, sagte Frau Hoffmann, um die Mädchen dazu zu bewegen, ihre Sachen nach dem Spielen nicht im Wohnzimmer herumliegen zu lassen. Als das nichts half, sperrte sie ihre Töchter zur Strafe in ihre Zimmer. Doch das machte es nur noch schlimmer, weil die Mädchen zusätzlich noch die Kinderzimmer auf den Kopf stellten.
Frau Hoffmann fand schließlich einen Weg, das Problem zu lösen, als sie bemerkte, wie gern die Schwestern auf der neuen Schaukel im Garten spielten. Sie beschloss, diese Beschäftigung zu einem Privileg zu machen, das zuerst verdient werden musste. Eines Tages wollten die Mädchen nach draußen gehen, statt ihre Bauklötze und die Puppenküche aufzuräumen, mit der sie gerade noch gespielt hatten. Frau Hoffmann sagte: »Es gibt eine neue Regel, Mädchen. Ich weiß, dass ihr hinausgehen möchtet, aber ihr dürft erst schaukeln, wenn du, Lea, die Puppenküche, und du, Hannah, die Bauklötze aufgeräumt hast. Ich helfe euch dabei.«
Die Mädchen sahen sich an. Sie hatten zwar keine Lust aufzuräumen, aber sie wollten unbedingt auf die Schaukel. Frau Hoffmann fing an, die Bauklötze in eine Schachtel zu legen, damit Hannah sah, was zu tun war. Frau Hoffmann öffnete auch den Stoffbeutel, damit Lea die kleinen Küchenutensilien darin verstauen konnte.

Als die Mädchen anfingen aufzuräumen, sagte ihnen ihre Mutter, wie glücklich sie das machte: »Danke fürs Aufräumen! Super, wie du die Bauklötze in die Schachtel legst. Toll, wie die Puppenküche in den kleinen Beutel passt.« Sie umarmte die Mädchen voller Stolz, und schon bald konnten sie zur Schaukel laufen.
Noch viele Wochen lang mussten die Hoffmanns den Zwillingen Belohnungen fürs Aufräumen versprechen. Aber schließlich lernten die zwei, dass sie schneller Ordnung schaffen konnten, wenn sie ein Spielzeug aufräumten, bevor sie das nächste aus dem Schrank holten, und dass sie so ein extra dickes Lob von ihrer Mutter bekamen.

Weglaufen in der Öffentlichkeit

Genau wie ihre Eltern haben auch neugierige Vorschulkinder Listen im Kopf, was sie in Einkaufszentren, Supermärkten usw. anschauen und tun möchten. Sie denken, dass ihre Listen Vorrang haben, und leider stimmen diese in der Regel nicht mit denen der Eltern überein – und dann bricht Chaos aus.

In gefährlichen Situationen hat die Sicherheit Ihres Kindes Priorität gegenüber seiner Neugier (es könnte vor ein Auto laufen oder im Einkaufszentrum verloren gehen). Also seien Sie streng, was die Einhaltung der Regeln für das Verhalten in der Öffentlichkeit betrifft, auch wenn Ihr Kind noch so heftig protestiert. Gewöhnen Sie Ihr Kind daran, dass es an Ihrer Seite bleiben muss, und zwar so lange, bis es selbst beurteilen kann, was gefährlich ist und was nicht. Dies zu unterscheiden lernt es von Ihnen.

Wie Sie dem Problem vorbeugen

Stellen Sie Regeln für das Benehmen in der Öffentlichkeit auf. Erklären Sie Ihrem Kind während einer neutralen Zeit – bevor etwas passieren kann oder lange nachdem es ungezogen war –, was

Sie in der Öffentlichkeit von ihm erwarten. Sagen Sie: »Wenn wir in einem Geschäft sind, musst du immer in meiner direkten Nähe bleiben. Hast du das verstanden?«

Üben Sie rechtzeitig.
Üben Sie mit Ihrem Kind, ehe Sie das Haus verlassen, damit es weiß, wie es Ihre Regeln befolgen soll. Sagen Sie: »Wir versuchen jetzt, nur eine Armeslänge voneinander entfernt zu bleiben. Zeig mir mal, wie lange du so nah bei mir bleiben kannst.« Wenn Ihr Kind es richtig macht, sagen Sie: »Danke, dass du nicht weggelaufen bist.« Lehren Sie Ihr Kind auch, zu Ihnen zu kommen. Sagen Sie: »Komm jetzt bitte her.« Wenn es gehorcht, umarmen und loben Sie es. Üben Sie das fünfmal pro Tag und vergrößern Sie dabei langsam den Abstand zwischen sich und Ihrem Kind, bis es auch vom anderen Ende der Wohnung oder eines Geschäftes zu Ihnen kommt.

Loben Sie Ihr Kind, wenn es in Ihrer Nähe bleibt.
Sorgen Sie dafür, dass es Ihrem Kind die Mühe wert ist, bei Ihnen zu bleiben, indem Sie es immer loben, wenn es das tut. Sagen Sie etwa: »Du kannst ja schon ganz toll einkaufen, so brav, wie du in meiner Nähe bleibst.«

Lassen Sie Ihr Kind beim Einkaufen helfen.
Lassen Sie Ihr Kind eine Packung Küchenrolle oder Ähnliches tragen oder den Wagen schieben, wenn es das schon kann. So fühlt es sich als wichtiger Helfer beim Einkaufen und wird nicht so leicht in Versuchung geraten, sich selbstständig zu machen.

Ändern Sie die Regeln, wenn Ihr Kind sich verändert.
Wenn Ihr Kind reifer wird und es schafft, sich an einem öffentlichen Ort wie z.B. einem Einkaufszentrum, nur kurz zu entfernen und gleich wieder zu Ihnen zurückzukommen, sollten Sie die Regeln ändern und solche kurzen Ausflüge erlauben. Erklären Sie dem Kind, warum Sie ihm mehr Freiheit geben, damit es weiß, dass es

sich die neue Unabhängigkeit mit seinem guten Verhalten in der Öffentlichkeit verdient hat.

Seien Sie bestimmt und konsequent.
Ändern Sie die Regeln für das Verhalten in der Öffentlichkeit nicht, ohne es Ihrem Kind zuerst mitzuteilen. Wenn Sie klar und konsequent sind, gibt ihm das ein Gefühl von Sicherheit.

Wie Sie das Problem lösen

Tadeln Sie Ihr Kind und verhängen Sie eine Auszeit.
Wenn Sie Ihr Kind dafür tadeln, dass es in der Öffentlichkeit nicht in Ihrer Nähe geblieben ist, begreift es, was Sie von ihm erwarten und was passiert, wenn es sich nicht an die Regeln hält. Wenn Sie sehen, dass Ihr Kind sich entfernt, sagen Sie: »Bitte bleib bei mir. Wenn du in meiner Nähe bleibst, bist du sicher.« Wenn es die Regel zum wiederholten Male bricht, tadeln Sie es erneut und setzen Sie es für die Auszeit auf einen Stuhl in der Nähe, während Sie bei ihm bleiben, es aber nicht beachten.

Was Sie nicht tun sollten

Lassen Sie Ihr Kind nicht den Zeitplan diktieren.
Drohen Sie nicht damit, nach Hause zu gehen, wenn Ihr Kind nicht in Ihrer Nähe bleibt. Genau das will es vielleicht, also wird es wieder davonlaufen, um sein Ziel zu erreichen.

Kaufen Sie nicht länger ein, als es für Ihr Kind erträglich ist.
Manche Vorschulkinder sind ausdauernder darin, die Regeln zu befolgen und in der Nähe der Eltern zu bleiben, als andere. Beobachten Sie Ihr Kind. Möglicherweise liegt seine Toleranzgrenze bei einer Stunde. Berücksichtigen Sie das, wenn Sie Ihren Einkauf planen.

»Hiergeblieben!«

Herr und Frau Broder konnten ihren vierjährigen Sohn Matthias nicht mehr ruhigen Gewissens ins Einkaufszentrum oder in den Supermarkt mitnehmen. Sobald sie ihm den Rücken kehrten, war er schon außer Sichtweite. »Bleib hier, Matthias! Lauf uns beim Einkaufen nie wieder davon!«, schrie Frau Brody erzürnt, als ihr Sohn im Kaufhaus unter einem Ständer mit Damenunterwäsche verschwand.

Ihr Befehl stellte sich als wirkungslos heraus. Als sie den Laden verließen und die Einkaufspassage entlangspazierten, rannte Matthias um die nächste Ecke zu einem Schaufenster und rief: »Schaut mal, die Eisenbahn! Die Eisenbahn, so schaut doch!« Aber er war schon außer Hörweite, weshalb die Broders in Panik ausbrachen.

Sie erkannten, dass es nötig war, ein paar Regeln aufzustellen. Am nächsten Tag erklärte sein Vater Matthias die neuen Regeln, bevor sie zum Supermarkt gingen, wo es seine Lieblingsbeschäftigung war, von Gang zu Gang zu rasen. »Matthias, du darfst höchstens eine Armlänge von uns entfernt sein, während wir einkaufen«, sagte er. »Solange du bei uns bleibst, darfst du dir alles ansehen, was du möchtest – aber nur mit den Augen und nicht mit den Händen.«

Beim ersten Versuch war Matthias wie gewohnt innerhalb weniger Minuten spurlos verschwunden. »Erinnere dich an die Regel!«, sagte Herr Broder klar und sachlich, als er ihn endlich erwischte. »Du sollst ganz ihn unserer Nähe bleiben. Nur dann bist du sicher.«

Matthias tat so, als habe er gar nicht gehört, was sein Vater sagte, und rannte zu seinen geliebten Schokoriegeln. Herr Broder kochte zwar innerlich, blieb äußerlich aber möglichst gelassen und sagte sich, dass die Regeln ja ganz neu waren. Sie mussten zuerst eingeübt werden, ehe sein Sohn sie perfekt befolgte. »Du sollst bei uns bleiben, weil das sicherer für dich ist«, wiederholte er. »Jetzt gibt es eine Auszeit!« Und er führte Matthias in eine ruhige Ecke bei der Obst- und Gemüseabteilung, stellte sich daneben und drehte ihm den Rücken zu.

Matthew blickte seinen Vater feindselig an und schrie: »Nein! Ich will spielen. Ihr seid alle doof!« Ohne mit der Wimper zu zucken, ignorierte Herr Broder den Ausbruch.

Nach drei Minuten lächelte er Matthias an und wiederholte noch einmal die Regel. Wann immer er danach nah genug bei ihnen blieb, lobten seine Eltern ihn: »Danke, dass du in unserer Nähe bleibst, Liebling.« Frau Broder unterhielt sich mit ihm über Frühstücksflocken, und sie überlegten, welche sie diese Woche kaufen sollten.

Während der nächsten paar Wochen erinnerten die Broders ihren Sohn immer wieder an die neue Regel, und Matthias besserte sich, wenn auch nur sehr langsam. Dennoch entspannte sich die Situation, und sie hatten beim Einkaufen wieder Spaß miteinander.

Wunsch nach Selbstständigkeit

»Will selber machen!« ist einer der Sätze, an die sich die Eltern von Kleinkindern etwa ab deren zweitem Geburtstag gewöhnen müssen. Diese Unabhängigkeitserklärung ist die beste Gelegenheit, den kleinen Entdeckern zu erlauben, ihre Fertigkeiten zu vervollkommnen. Eltern sollten sich auf ihr höchstes Ziel besinnen: selbstbewusste und unabhängige Kinder großzuziehen. Also mobilisieren Sie all Ihre Geduldsreserven, wenn Ihr Kind Fehler macht, und drücken Sie auch mal ein Auge zu, sollte Ihr Zeitplan durcheinander geraten, weil Ihr Sprössling besonders viel Aufmerksamkeit braucht. Ist es nicht wichtiger, Ihrem Vorschulkind lebenswichtige Fähigkeiten zu vermitteln?

Wie Sie dem Problem vorbeugen

Nehmen Sie nicht an, dass Ihr Kind etwas nicht kann. Bleiben Sie auf dem Laufenden, was das sich stets weiterentwickelnde Können Ihres Kindes betrifft. Bevor Sie Ihrem Kind eine Aufgabe abnehmen, geben Sie ihm die Chance, es selbst zu versuchen. Vielleicht überrascht es Sie ja damit, dass es gerade eine Fertigkeit erlernt hat, von der Sie noch nichts wussten.

Kaufen Sie kindgerechte Kleidung.
Kaufen Sie Kleidung, die Ihr Kind leicht an- und ausziehen kann. Das ist z.B. wichtig, wenn es lernt, aufs Töpfchen zu gehen. Kaufen Sie Hemdchen, die sich einfach über den Kopf ziehen lassen, Schuhe mit Klettverschlüssen und Hosen oder Kleidchen ohne komplizierte Verschlüsse.

Bewahren Sie die Kleidung geordnet und leicht zugänglich auf.
Helfen Sie Ihrem Kind, einen Sinn für Ordnung zu entwickeln, indem Sie seine Sachen sortieren. Machen Sie die Kleidung außerdem leicht zugänglich, indem Sie sie so aufbewahren, dass das Kind leicht herankommt und sich so selbst anziehen kann.

Beugen Sie Enttäuschungen vor.
Achten Sie darauf, dass die Aufgaben für Ihr Kind so leicht wie möglich zu erfüllen sind. Machen Sie z.B. seine Hosenknöpfe auf oder öffnen Sie den Reißverschluss seiner Jacke ein wenig, bevor Sie das Kind allein weitermachen lassen.

Wie Sie das Problem lösen

Spielen Sie »Wettlauf mit der Zeit«.
Sagen sie Ihrem Kind, wie viel Zeit Sie für eine bestimmte Tätigkeit haben, damit es nicht denkt, es läge an seiner Unfähigkeit, wenn Sie seinen »Job« übernehmen. Stellen Sie den Timer auf die Anzahl der Minuten ein, die Sie für die Aufgabe vorgesehen haben, und sagen Sie: »Jetzt schauen wir mal, ob wir uns anziehen können, bevor der Timer klingelt.« Das hilft dem Kind, ein Zeitgefühl zu entwickeln und entschärft den Machtkampf zwischen Ihnen, da ja der Timer sagt, wann die Zeit um ist. Wenn Sie es sehr eilig haben und eine Aufgabe beenden müssen, die Ihr Kind begonnen hat, erklären Sie, warum.

Schlagen Sie Arbeitsteilung vor.
Da Ihr Kind nicht versteht, warum es bestimmte Dinge noch nicht tun kann, schlagen Sie ihm vor, sich eine Aufgabe zu teilen. Lassen Sie das Kind tun, was es schon kann, während Sie den Rest erledigen. Lassen Sie das Kind so oft wie möglich mithelfen und nicht nur zusehen, damit es sich nicht unzulänglich fühlt.

Jeder Versuch zählt.
Als die wichtigsten Lehrer Ihres Kindes sollten Sie es ermutigen, die verschiedensten Dinge auszuprobieren. Bringen Sie ihm das Sprichwort »Übung macht den Meister« nahe, indem Sie beispielsweise sagen: »Ich finde es schön, dass du versucht hast, dein Haar zu flechten. Das hast du toll gemacht. Du kannst das später noch einmal versuchen.«

Bleiben Sie möglichst ruhig und geduldig.
Wenn Ihr Kind alles selbst machen will (»Ich ziehe mir die Shorts an«, »Ich mache die Tür auf!«), denken Sie daran, dass es seine Selbstständigkeit geltend macht und nicht seinen Starrsinn. Erfreuen Sie sich an der Tatsache, dass Ihr Kind erste Schritte unternimmt, um unabhängig zu werden.

Gestatten Sie so viel Unabhängigkeit wie möglich.
Lassen sie Ihr Kind so viel selbst machen, wie es kann, damit seine angeborene Neugier nicht durch Frustration verdrängt wird.

Was Sie nicht tun sollten

Bestrafen Sie Ihr Kind nicht für seine Fehler.
Auf dem Weg zur Selbstständigkeit sind Missgeschicke unvermeidlich. Wenn Ihr Kind versucht, sich selbst Milch einzugießen, und sie versehentlich verschüttet, helfen Sie ihm daher einfach, es nächstes Mal besser zu machen. Erwarten Sie keine sofortigen Erfolge.

Kritisieren Sie die Bemühungen Ihres Kindes nicht.
Weisen Sie Ihr Kind nicht ständig auf seine Fehler hin. Wenn es z.B. die Socken falsch herum anzieht, sagen Sie: »Lass uns die Socken umdrehen, damit die weiche Seite an deine Füße kommt, okay?«

Fühlen Sie sich nicht zurückgesetzt.
Seien sie nicht verletzt, wenn Ihr Kind Ihnen Ihre Hilfe nicht dankt. Es versucht, etwas allein zu machen, und empfindet Ihre Hilfe dabei vielleicht als hinderlich. Es weiß selbst, dass Sie die Dinge schneller erledigen können, aber es möchte und muss seine Fähigkeiten entwickeln. Erkennen Sie seine Bemühungen an.

Jasmin wird selbstständig
Während der ersten drei Jahre im Leben von Jasmin Manning hatte ihre Mutter immer alles für sie getan. Jetzt wollte Jasmin plötzlich, dass ihre Mutter nichts mehr für sie tat, eine Persönlichkeitsveränderung, die verwirrend und frustrierend für Frau Manning war. »Ich kann es nicht ausstehen, immer auf dich zu warten, Jasmin!«, rief sie, wenn sie spät dran waren und Jasmin unbedingt ihren Mantel allein anziehen wollte. »Das kannst du noch nicht selbst«.
Das ewige Hin und Her von Fordern und Verweigern legte sich erst, als Frau Manning klar wurde, dass sie Jasmins überwältigendem Verlangen nach Unabhängigkeit nachgeben musste. Eines Morgens, als Jasmin sich fertig machte, um nach draußen zu gehen, bemerkte Frau Manning, dass Jasmin ihren Mantel zum ersten Mal richtig angezogen hatte. »Das ist ja toll, wie du den Mantel angezogen hast«, sagte sie. »Du beeilst dich ja wirklich, pünktlich zur Vorschule zu kommen! Ich bin so stolz auf dich!« Jasmin ließ ihre Mutter den Reißverschluss hochziehen, ohne sich zu wehren, etwas, das sie schon seit Wochen nicht mehr getan hatte.
Am nächsten Tag wollte Jasmin wie üblich den Tisch decken. Statt ihr zu vermitteln, dass sie das noch nicht könne, ermutigte Frau Manning sie, hielt sich aber gleichzeitig auch an ihren eigenen Zeitplan – es sollte schnell gehen. Sie sagte: »Jasmin, du darfst den Tisch allein decken, bis der Timer klingelt. Danach helfe ich dir.«

Jasmin wollte unbedingt gegen den Timer gewinnen. Sie war richtig stolz auf sich, weil sie es schaffte, vor dem Klingeln fertig zu sein. Jasmins Mutter war ebenfalls stolz. »Das ist ja super, wie du den Tisch ganz allein gedeckt hast«, freute sie sich, während sie unauffällig die Löffel aus den Suppentellern nahm und an ihren Platz legte.

Wutanfälle

Millionen ganz normaler, liebenswerter Vorschulkinder bekommen ab und zu Wutanfälle. Das ist ihre Art, um mit Enttäuschung oder Ärger umzugehen oder der Welt zu zeigen, dass sie der Boss sind. Solche Ausbrüche können reduziert oder ganz vermieden werden, indem Sie den kleinen Schauspielern kein Publikum bieten und ihren Forderungen nicht nachgeben. Obwohl Sie vielleicht lieber einlenken oder hinter dem nächsten Kleiderständer verschwinden würden, wenn Ihr Kind öffentlich ausrastet, gedulden Sie sich lieber, bis der Anfall vorbei ist, und loben Sie Ihren Sprössling anschließend, dass er sich wieder unter Kontrolle hat.

Anmerkung: Ganz gewöhnliches Weinen ist noch kein Wutanfall, und Sie sollten anders damit umgehen. Nehmen Sie jedoch professionelle Hilfe in Anspruch, wenn Ihr Kind mehr als zwei bis drei Wutanfälle pro Tag hat – dann kann ein schwerwiegenderer Konflikt dahinter stecken, der sich möglicherweise nicht mit erzieherischen Tricks lösen lässt.

Wie Sie dem Problem vorbeugen

Lehren Sie Ihr Kind, mit Ärger und Enttäuschung umzugehen. Zeigen Sie Ihrem Kind, dass es auch andere Möglichkeiten gibt, mit der eigenen Wut umzugehen, als herumzuschreien und zu heulen. Wenn Ihnen beispielsweise das Essen anbrennt, dann werfen Sie ja den verbrannten Topf auch nicht voller Wut in den Müll, sondern sagen: »Ich rege mich jetzt auf, aber ich kann damit umgehen. Mir fällt schon etwas ein, um die Situation zu retten. Ich schaue mal, was ich sonst noch zum Abendessen kochen könnte.« Lehren Sie Ihr Kind, sich auf die Lösungsmöglichkeiten für sein Problem zu konzentrieren, statt aggressiv zu werden.

Loben Sie Ihr Kind, wenn es gut klarkommt.
Erkennen Sie es an, wenn Ihr Kind sich vorbildlich verhält. Loben Sie es z.B., wenn es Sie darum bittet, ihm bei einem komplizierten Puzzle zu helfen, das es sonst vielleicht frustrieren würde. Sagen Sie beispielsweise: »Ich bin froh, dass du mich um Hilfe bittest, statt wütend zu werden.« Wenn Sie Ihrem Kind helfen, gelassen mit Enttäuschungen und Ärger umzugehen, sinkt die Wahrscheinlichkeit, dass es sich in einem Wutanfall abreagiert. Es wird jegliche Strategie zur Problemlösung gern anwenden, wenn es weiß, dass es dafür Anerkennung erntet. Zeigen Sie dem Kind, dass Sie seinen Ärger nachvollziehen können, indem Sie sagen: »Ich weiß, wie du dich jetzt fühlst, und ich bin stolz auf dich, weil du das Problem so ruhig angehst.«

Schenken Sie Ihrem Kind Beachtung.
Beachten Sie Ihr Kind auch dann, wenn es brav mit seinen Spielsachen spielt, damit es sich nicht erst schlecht benehmen muss, um Ihre Aufmerksamkeit zu erregen.

Warten Sie nicht auf eine extra Einladung.
Wenn Sie merken, dass sich beim Spielen oder Essen Ärger anbahnt, warten Sie nicht zu lange ab, sondern entschärfen Sie die Situation sofort. Sollten Sie mitbekommen, dass eine Situation schwierig oder frustrierend für Ihr Kind ist, sagen Sie z.B.: »Ich wette, dieses Puzzleteil passt hierhin.« Zeigen Sie ihm, wie ein Spielzeug funktioniert oder wie es besser mit dem Essen zurande kommt, und lassen Sie das Kind die Aufgabe dann selbst zu Ende bringen, damit es sich gut und selbstständig fühlen kann.

Wie Sie das Problem lösen

Ignorieren Sie den Wutanfall.
Reagieren Sie nicht, wenn Ihr Kind einen dramatischen Auftritt hinlegt. Zeigen Sie ihm, dass ein Wutanfall nicht das richtige Mittel ist, Ihre Aufmerksamkeit zu bekommen und seine Forderungen durchzusetzen. Aber wie ignoriert man einen Wirbelsturm im Wohnzimmer? Wenden Sie sich während eines Wutanfalls von Ihrem Kind ab, drehen Sie ihm den Rücken zu, bringen Sie es in sein Zimmer oder ziehen Sie sich zurück. Verhält sich Ihr Kind destruktiv oder gefährdet es sich und andere in der Öffentlichkeit, dann bringen Sie es an einen sicheren Ort, und verhängen Sie eine Auszeit. Sehen Sie das Kind während dieser Isolation nicht einmal an. Obwohl es schwierig ist, sich abzuwenden, ist das die beste Strategie, um den Wutanfall einzudämmen.

Bleiben Sie stark.
Achten Sie trotz aller Macht, mit der Ihr Kind schreit und aufstampft, darauf, nicht die Selbstbeherrschung zu verlieren, und bleiben Sie bei Ihren Regeln. Sagen Sie sich im Stillen, dass es wichtig für Ihr Kind ist, zu lernen, dass es nicht immer haben kann, was es will. Es lernt so, realistisch zu werden, und Sie lernen, konsequent zu bleiben und ihm die Grenzlinie zwischen akzeptablem und inakzeptablem Verhalten zu verdeutlichen.

Geben Sie ein positives Feedback.
Sobald das emotionale Feuer eines Wutanfalls nur noch ein Häuflein glimmender Asche ist, geben Sie Ihrem Kind ein positives Feedback dafür, dass es sich wieder unter Kontrolle hat, und tun Sie etwas gemeinsam, das Sie beide erfreut. Sagen Sie: »Ich bin froh, dass du dich wieder besser fühlst. Ich liebe dich, aber ich mag kein Geschrei und Geheul.« Da dies Ihre einzige Reaktion auf den Ausbruch ist, begreift das Kind, dass Sie seinen Anfall ignoriert haben und nicht ihn / sie als Person.

Erklären Sie, warum sich die Regeln manchmal ändern. Wenn Ihr Kind Sie darum bittet, ein Spielzeug zu kaufen, das früher einmal tabu war, können Sie Ihre Meinung natürlich ändern – aber erklären Sie Ihr geändertes Verhalten. Sagen Sie: »Weißt du noch, dass wir schon einmal in dem Spielzeugladen waren und du einen Wutanfall hattest? Ich habe entschieden, dass du das Spielzeug haben darfst, wenn du dich diesmal gut benimmst.« So begreift das Kind, dass es nicht sein Wutausbruch war, der Ihre Meinung geändert hat, sondern dass Sie das Spielzeug zur Belohnung kaufen.

Was Sie nicht tun sollten

Diskutieren Sie nicht während des Wutanfalls. Während eines Wutanfalls zu versuchen, Ihrem Kind seinen Wutanfall auszureden, ist vergebliche Liebesmüh. Es hört sowieso nicht zu. Es ist gerade der Star in seiner eigenen Show. Jede Diskussion zu diesem Zeitpunkt verschlimmert nur den Wutausbruch, da das Kind so die ersehnte Aufmerksamkeit seines Publikums bekommt.

Rasten Sie nicht aus. Sagen Sie sich: »Warum soll ich mich verrückt machen? Ich weiß, dass ich aus gutem Grund ›Nein‹ gesagt habe.« Wenn Sie die Nerven verlieren, ermutigt das Ihr Kind nur weiterzutoben und vermittelt ihm, dass es gar nicht nötig ist, sich zu beherrschen.

Machen Sie Ihr Kind nicht schlecht. Dass Ihr Kind einen Wutanfall bekommt, heißt nicht, dass es ein schlechter Mensch ist. Sagen Sie nicht: »Du böser Junge! Schämst du dich denn nicht?« Ihr Kind verliert so nur seine Selbstachtung.

Lassen Sie das Kind nicht für seinen Wutanfall büßen. Nichts mehr mit Ihrem Kind zu tun haben zu wollen, wenn der Wutanfall vorbei ist, führt nur zu weiteren Ausbrüchen, um Ihre

Aufmerksamkeit zu erregen. Vermitteln Sie Ihrem Kind nicht das Gefühl, dass es unerwünscht ist und Sie es nicht mehr lieben, nur weil Sie etwas gegen sein Benehmen einzuwenden haben.

Alexandras Anfälle

Boris und Magdalena Karlsen machten sich Sorgen um ihre zweijährige Tochter Alexandra, die jedes Mal einen ausgewachsenen Wutanfall bekam, wenn ihre Bitte um einen Keks vor dem Abendessen abgelehnt wurde. Wenn ihre Eltern »Nein« sagten, schrie sie »Doch!«, zerrte am Hosenbein ihres Vaters und stampfte so lange auf dem Küchenboden herum, bis ihre aufgelösten Eltern so erschöpft waren, dass sie schließlich nachgaben.

Völlig frustriert dachten die Karlsens darüber nach, was sie wohl falsch machten. War es denn so verkehrt, wenn sie Alexandras Wünsche nicht immer erfüllten? Sie fanden schließlich heraus, dass Alexandras Anfälle tatsächlich häufiger auftraten, wenn sie »Nein« sagten. Sie sahen aber auch, dass es Alexandras schlechtes Benehmen nur verstärkte, wenn sie ihrem unstillbaren Verlangen nach einem Keks vor dem Essen nachgaben.

Bei Alexandras nächstem Wutanfall waren sie mit einer neuen Strategie gewappnet. Anstatt »Nein« zu sagen, erklärte Magdalena sachlich: »Alexandra, du bekommst erst einen Keks, wenn du dich beruhigt und dein Abendbrot gegessen hast.«

Alexandra hörte nicht auf zu toben, also verließen ihre Eltern einfach den Raum, so dass sie kein Publikum mehr für ihre Szene hatte. Obwohl es ihnen schwer fiel, ihr schreiendes Kind allein zu lassen, warteten Boris und Magdalena, bis ihre Tochter sich beruhigt hatte, ehe sie zurück in die Küche gingen. Da niemand sie beachtet hatte, hatte Alexandra ihr Gejammer endlich aufgegeben und beobachtete gespannt, ob ihre Eltern auch praktizieren würden, was sie predigten.

Ihr Vater erschien mit einem Lächeln und sagte: »Alexandra, ich weiß, dass du deinen Keks jetzt haben willst, aber du kannst erst einen bekommen, wenn du gegessen hast und wir bereit für den Nachtisch sind. Ich bin froh, dass du jetzt nicht mehr heulst und schreist. Es ist schön zu sehen, dass du dich zusammennimmst.« Alexandra setzte sich still zum Essen hin und bekam wie versprochen ihren Keks, nachdem sie aufgegessen hatte.

Die Karlsens gratulierten sich später an diesem Abend selbst zu der Selbstbeherrschung, die sie demonstriert hatten. Obwohl sie immer wieder in Versuchung gerieten nachzugeben, überließen sie ihre Tochter jetzt konsequent sich selbst, wenn sie einen Wutanfall hatte. Und sie lobten sie jedes Mal, wenn sie gelassen darauf reagierte, dass ihr etwas verweigert wurde. Alexandras Anfälle wurden immer seltener, bis sie nur noch manchmal aus Enttäuschung etwas weinte. Doch die Zeit der großen Szenen war vorbei.

Zerstörungswut

Kleine Kinder kennen keine Grenzen zwischen kreativem und zerstörerischem Spiel, bis ihre Eltern sie für sie in Stein meißeln. Also machen Sie Ihrem Kind den Unterschied schon vor seinem ersten Geburtstag klar, indem Sie ihm sagen (und zeigen), was es anmalen, zerreißen oder auseinander nehmen darf und was nicht. So verhindern Sie, dass der angehende Künstler versehentlich eigenes oder fremdes Eigentum beschädigt. Bringen Sie Ihrem Kind konsequent bei, seine Sachen pfleglich und mit Respekt zu behandeln, und lassen Sie es seine kreative Ader auf angemessene Art und Weise ausleben, z.B. auf einem Malblock (nicht auf der Tapete) oder mit einem Spielzeug-Telefon zum Auseinanderbauen (nicht mit Ihrem echten Telefonapparat).

Wie Sie dem Problem vorbeugen

Besorgen Sie interessante, aber robuste Spielsachen.
Es ist ganz natürlich, dass Vorschulkinder versuchen, Spielsachen, die sich dazu eignen, auseinander zu nehmen und wieder zusammenzubauen – und leider auch solche, die sich nicht dazu eignen. Um die erwünschte Kreativität des Kindes anzuregen, sollten Sie ihm Spielsachen geben, die nicht so leicht zu zerstören sind und bei denen es etwas zu tun oder zu untersuchen gibt (Bauklötze, Spiele

mit Knöpfen und Tasten usw.), und nicht solche, die nur herumstehen (z.B. Stofftiere).

Stellen Sie geeignetes Bastelmaterial zur Verfügung.
Sorgen Sie für jede Menge Stoffreste, Malblöcke und Bastelmaterial, mit dem Ihr Kind sich verkleiden, die es bemalen oder für Pappmaché und Ähnliches verwenden kann, so dass es nicht so leicht auf die Idee kommt, neue oder wertvolle Sachen für seine Kunstobjekte zu verwenden.

Stellen Sie Regeln für den Umgang mit Spielzeug auf.
Kinder wissen nicht von Geburt an, wie viel etwas wert ist oder wie man mit bestimmten Dingen angemessen spielt. Also bringen Sie ihnen z.B. bei, die Wachsmalkreide nur für das Malbuch zu verwenden und nicht für Zeitungen und Romane. Oder, was eine andere destruktive Gewohnheit betrifft, sagen Sie: »Bücher darf man nicht zerreißen. Wenn du etwas zerreißen willst, dann sag es mir, und ich gebe dir etwas.«

Beaufsichtigen Sie Ihr Kind beim Spielen.
Verwirren Sie Ihr Kind nicht unnötig und lassen Sie es seine Grenzen nicht immer wieder von neuem ausloten, indem Sie es gelegentlich Sachen zerstören lassen, die es eigentlich nicht kaputt machen darf. Es weiß dann nicht, was es zu erwarten hat, und wird nicht verstehen, warum Sie ihm den Spaß verderben, indem Sie es für etwas tadeln, das plötzlich verboten ist, aber vor kurzem noch erlaubt war.

Lehren Sie Ihr Kind, seine Sachen pfleglich zu behandeln.
Vergrößern Sie die Chance, die Zerstörung auf ein Minimum zu beschränken, indem Sie Ihr Kind immer loben, wenn es sorgsam mit Ihren Sachen umgegangen ist oder sich vorbildlich um sein Spielzeug kümmert. Das erinnert es an die Regeln, stärkt sein Selbstwertgefühl und macht es stolz auf seine Schätze.

Wie Sie das Problem lösen

Lassen Sie das Kind die Unordnung »überkorrigieren«.
Wenn Ihr Kind älter als zwei Jahre ist, dann lehren Sie es, besser auf seine Sachen zu achten, indem Sie es beim Beseitigen der Unordnung helfen lassen, die es angerichtet hat. Lassen Sie es außerdem seine Taten »überkorrigieren«: Wenn es beispielsweise eine Wand bekritzelt oder mit Fingerfarben dekoriert hat, dann muss es nicht nur die Farbe abwischen, sondern auch alle anderen Wände im Zimmer sauber machen. Diese »Überkorrektur« des angerichteten Schlamassels vermittelt Ihrem Kind ein Gefühl für Eigentum und Fürsorge. (Und es lernt ganz nebenbei, wie man Wände sauber macht!)

Tadeln Sie Ihr Kind.
Ist Ihr Kind jünger als zwei Jahre, tadeln Sie es kurz: Sagen Sie ihm, was es falsch gemacht hat, warum es falsch war und was es stattdessen hätte tun sollen, um ihm verstehen zu helfen, warum jetzt »Schluss mit lustig« ist.

Geben Sie Ihrem Kind eine Auszeit.
Wenn Sie Ihr Kind wiederholt verwarnt haben und es dennoch erneut etwas kaputtmacht, wiederholen Sie den Tadel und verhängen Sie eine Auszeit.

Was Sie nicht tun sollten

Überreagieren Sie nicht.
Bekommen Sie keinen Tobsuchtsanfall, wenn Ihr Kind etwas kaputtmacht. Durch Ihre Wut könnte der Eindruck entstehen, dass Sie sich mehr um Ihre Sachen sorgen als um Ihr Kind. Achten Sie darauf, dass Ihre Enttäuschung noch in einem gesunden Verhältnis zu dem Schaden steht, der angerichtet wurde.

Verhängen Sie keine zu strengen Strafen.
Nur weil Ihr Kind etwas beschädigt hat, das Ihnen viel wert ist, gibt Ihnen das nicht das Recht, im Gegenzug Ihr Kind zu »beschädigen«. Anstatt es einzusperren, schließen Sie lieber Ihre Preziosen weg, bis Ihr Kind alt genug ist, um deren Wert zu ermessen.

Tim, der Schreckliche

Walter und Bettina Brandt wussten schon lange, bevor der Vorschullehrer sie in seine Sprechstunde bat, dass sie einen destruktiven Dreijährigen zu Hause hatten. Sie hätten unendliche Geschichten erzählen können: von lila Kreide auf der hellgelben Esszimmertapete bis hin zu wilden Collagen aus zerrissenen Romanseiten.

Als die Brandts nach der Sprechstunde wieder nach Hause kamen, berichtete der Babysitter, dass Tim in der Zwischenzeit die Bodenfliesen mit Wachsmalkreide beschmiert habe. »Wann hörst du endlich auf, alles zu zerstören, Tim?«, schrie Frau Brandt, während sie ihren Sohn ohrfeigte und auf sein Zimmer schickte. Wenig später entdeckte sie, dass Tim drei Bilderbücher zerrissen hatte.

Bettina und Walter Brandt beschlossen, ihre Herangehensweise zu ändern. Anstatt Tim zu drohen oder ihn zu schlagen, verlangten sie von ihm, sein zerstörerisches Verhalten wiedergutzumachen. Als sie ihn das nächste Mal beim Zerreißen eines Buches erwischten, sagten sie: »Jetzt musst du das Buch reparieren.« Sie holten gemeinsam das Klebeband aus der Schublade und halfen ihm, die richtige Menge abzureißen, um das Buch zu reparieren. Tim musste nicht nur Bücher reparieren, sondern auch Wände abwischen, Wachsmalkreide von den Fliesen kratzen und zerrissene Postkarten wieder zusammenkleben. Das Interessante war, dass Tim nie etwas zerstörte, das er schon einmal repariert hatte.

Jedes Mal, wenn etwas zu Bruch ging, erklärten Herr und Frau Brandt ihrem Sohn, was er kaputt machen durfte und was nicht. Sie ermutigten Tim auch dazu, genauso Verantwortung für seine Besitztümer zu übernehmen, wie seine Eltern für ihre. Schließlich begann Tim, seine Verantwortung anzunehmen. Er strahlte vor Stolz, wenn seine Eltern ihn lobten, weil er seine Bücher, Spielsachen und Kuscheltiere so sorgfältig behandelte. Und wann immer er in seine alten, destruktiven Gewohnheiten zurückfiel, beeilte er sich, den Schaden wieder auszubügeln.

Als Tim sich immer weniger destruktiv verhielt, erwarteten seine Eltern trotzdem nicht von ihm, dass er seine Sachen mit der gleichen Sorgfalt behandelte, wie es ein Erwachsener tun würde, aber sie gaben sich Mühe, ihm gutes Benehmen vorzuleben, damit Tim sehen konnte, dass sie auch selbst praktizierten, was sie ihm predigten – Eigentum zu respektieren.

Anhang

Checkliste Kindersicherheit

Beunruhigende Statistiken zeigen, dass Unfälle die Todesursache Nummer Eins bei Kleinkindern sind. Die meisten Unfälle sind das Resultat der ganz normalen und gesunden Neugier von Kindern. Fangen sie an, zu krabbeln, zu laufen, zu klettern und auf Entdeckungsreise zu gehen, erhöht sich das Verletzungsrisiko. Die folgende Checkliste zeigt Ihnen, welche Schritte Sie unternehmen sollten, um Unfälle im Haushalt zu vermeiden.

- Bringen Sie Kindersicherungen an allen Schränken und Schubladen an, die gefährliche Gegenstände enthalten.
- Krabbeln Sie auf Händen und Füßen durch das Haus, um aus der Perspektive Ihres Kindes verlockende Gefahrenquellen zu entdecken, die zu beheben sind.
- Verschließen Sie nicht benutzte Steckdosen mit im Handel erhältlichen Plastik-Stöpseln.
- Rücken Sie große Möbelstücke vor Steckdosen und Stecker, oder bringen Sie spezielle Schutzabdeckungen an, die verhindern, dass Kinder die Stecker herausziehen können.
- Räumen Sie Einrichtungsgegenstände, die nicht stabil genug sind oder scharfe Kanten haben, fort, oder bringen Sie schützende Abdeckungen an Ecken und Kanten an.
- Große Möbelstücke, auf die ein Kind klettern und dann damit umkippen kann, sollten sicher an der Wand befestigt werden.
- Bewahren Sie gefährliche Haushaltsutensilien wie Wasch- und Reinigungsmittel, Rasierklingen, Streichhölzer und Medikamente immer in gut verschlossenen Schränken und außerhalb der Reichweite Ihres Kindes auf.

- Stellen Sie einen geeigneten Schutzschirm vor den Kamin.
- Verwenden Sie im Auto immer den passenden Kindersitz.
- Untersuchen Sie die Spielsachen Ihres Kindes regelmäßig auf scharfe Kanten oder kleine, abgebrochene Teile.
- Suchen Sie den Fußboden nach kleinen Gegenständen ab, die Ihr Kind in den Mund stecken und verschlucken könnte.
- Sichern Sie Treppenaufgänge mit einem Gitter, um zu verhindern, dass Ihr Kind unbeaufsichtigt auf den Stufen spielt.
- Lassen Sie Ihr Baby niemals unbeobachtet auf dem Wickeltisch, in der Badewanne, auf der Couch, in Ihrem Bett, auf einem Hochstuhl, auf dem Fußboden oder im Auto zurück.
- Haben Sie stets ein Brechmittel zur Hand, falls Ihr Kind etwas (nicht ätzendes) Giftiges verschluckt.
- Halten Sie die Badezimmertür immer geschlossen. Benutzen Sie eine Kindersicherung, wenn Ihr Kind die Türklinke schon selbst herunterdrücken kann.
- Bringen Sie Kindersicherungen an Toilettendeckeln an.
- Halten Sie Plastiktüten und kleine Gegenstände (Stecknadeln, Knöpfe, Nüsse, Bonbons, Münzen, Tischdekorationen) immer außer Reichweite Ihres Kindes.
- Achten Sie darauf, dass Spielsachen, Möbel und Wände mit bleifreier Farbe lackiert bzw. gestrichen sind. Prüfen Sie immer das Etikett, um sicherzugehen, dass das Spielzeug Ihres Kindes keine giftigen Substanzen enthält.
- Bringen Sie Ihrem Kind so früh wie möglich das Wort »heiß« bei. Halten Sie das Kind stets fern von Gas- oder Elektroherd, Bügeleisen, Kamin, Backofen, Grill, Zigaretten, Feuerzeug und Tassen mit heißen Getränken.
- Drehen Sie die Topfgriffe beim Kochen immer nach hinten, sodass sie unerreichbar sind, und entfernen Sie die Drehregler des Gasherds, wenn Sie ihn nicht benutzen.
- Bringen Sie Kindersicherungen an Gefriertruhen und Ofentüren an, wenn diese keine Schlösser haben.
- Verzichten Sie auf große, überhängende Tischdecken.

- Binden Sie Spielsachen niemals am Kinderbettchen oder am Laufstall fest. Ihr Baby könnte sich mit der Schnur erdrosseln. Hängen Sie auch Schnuller nie an ein Bändchen, das sich um den Hals Ihres Babys wickeln könnte.
- Stellen Sie die Seiten des Gitterbettchens immer hoch, wenn Ihr Kind darin liegt.
- Schließen Sie Schusswaffen und Messer immer sicher weg. Jede Waffe sollte außerdem einzeln gesichert sein. Bewahren Sie die Munition getrennt davon und ebenfalls sicher verschlossen und außer Reichweite an einem anderen Ort auf.

Quellenverweise

1 Lawrence Kohlberg, *Moral Stages and Moralization: The Cognitive-Developmental Approach*, in T. Lickona (Hrsg.), Moral Development and Behavior, Holt, Rinehart and Winston, 1976.

2 Harriet H. Barrish, Ph.D. und I. J. Barrish, Ph.D., *Managing Parental Anger*, Overland Press, 1985.

3 Richard Rhodes, *Why They Kill: The Discoveries of a Maverick Criminologist,* Alfred A. Knopf, 1999.

4 Beth Azar, *Defining the Trait That Makes Us Human*, APA Monitor, Vol. 28, Nr. 11, November 1997.

5 B. Unell, J. Wyckoff, *20 Teachable Virtues*, Perigree Books, 1995.

6 M. M. Lefkowitz, L. D. Eron, L. D. Walder und L. R. Huesmann, *Growing Up to Be Violent*, Pergamon Press, 1977.

7 R. Potts, A. C. Houston und J. C. Wright, *The Effects of Television for and Violent Content on Boys Attention and Social Behavior*, Journal of Experimental Child Psychology, 41, 1986: 1–17.

8 R. B. McCall, R. D. Parke und R. D. Kavanaugh, *Imitation of Live and Televised Models by Children One to Three Years of Age*, Monographs of the Society for Research in Child Development, 42, Serien-Nr. 173, 1977.

9 D. Singer, J. Singer, *Family Experiences and Television Viewing As Predictors of Children's Imagination, Restlessness and Aggression*, Journal of Social Issues, 42, 1986: 107–24.
10 L. A. Joy, M. M. Kimball und M. L. Zabrack, *Television and Children's Aggressive Behaviour*, in T. T. Williams (Hrsg.), The Impact of Television: A Natural Experiment in Three Communities, Academic Press, 1986.
11 L. R. Huesmann, *Psychological Processes Promoting the Relation between Exposure to Media Violence and Aggressive Behavior by the Viewer*, Journal of Social Issues, 42, 1986: 125–39.
12 J. E. Grusec, *Effects of Co-Observer Evaluations of Imitation: A Developmental Toleration of Real-Life Aggression?*, Developmental Psychology, 10, 1973: 418–21.

Dieses Buch ist unseren erwachsenen Kindern Christopher Wyckoff, Allison Wyckoff, Justin Unell und Amy Unell gewidmet, für all ihre unaufgeforderten und unschätzbar wertvollen Beiträge zu diesem Buch.

Danksagung

Wir möchten uns bei all den Eltern und anderen Betreuern herzlich bedanken, die wieder und wieder unsere Überzeugung bestätigen, dass liebevolle Disziplin – ohne Schläge und Geschrei – immer der beste und effektivste Weg ist, Kinder zu unabhängigen, mitfühlenden, verantwortungsvollen Menschen voller Selbstbeherrschung zu erziehen.

Wir möchten uns auch bei Bruce Lansky für sein fortwährendes Vertrauen in dieses Buch über die letzten beiden Jahrzehnte hinweg bedanken.

Register